Informatik im Fokus

Herausgeber:

Prof. Dr. O. Günther
Prof. Dr. W. Karl
Prof. Dr. R. Lienhart
Prof. Dr. K. Zeppenfeld

Informatik im Fokus

Rauber, T.; Rünger, G.
**Multicore: Parallele
Programmierung.** 2008

El Moussaoui, H.; Zeppenfeld, K.
AJAX. 2008

Behrendt, J.; Zeppenfeld, K.
Web 2.0. 2008

Bode, A.; Karl, W.
Multicore-Architekturen. 2008

Jens Behrendt · Klaus Zeppenfeld

Web 2.0

Springer

Jens Behrendt
Pöppinghauser Str. 173d
44579 Castrop-Rauxel
jensbe@gmx.de

Prof. Dr. Klaus Zeppenfeld
FB Informatik
Fachhochschule Dortmund
Emil-Figge-Str. 42
44227 Dortmund
zeppenfeld@fh-dortmund.de

Herausgeber:

Prof. Dr. O. Günther
Humboldt Universität zu Berlin

Prof. Dr. R. Lienhart
Universität Augsburg

Prof. Dr. W. Karl
Universität Karlsruhe (TH)

Prof. Dr. K. Zeppenfeld
Fachhochschule Dortmund

ISBN 978-3-540-73120-7   e-ISBN 978-3-540-73121-4

DOI 10.1007/978-3-540-73121-4

ISSN 1865-4452

Bibliografische Information der Deutschen Nationalbibliothek
Die Deutsche Nationalbibliothek verzeichnet diese Publikation in der Deutschen
Nationalbibliografie; detaillierte bibliografische Daten sind im Internet über
http://dnb.d-nb.de abrufbar.

Einbandgestaltung: KünkelLopka Werbeagentur, Heidelberg

Gedruckt auf säurefreiem Papier

9 8 7 6 5 4 3 2 1

springer.com

Vorwort

In der heutigen Medienlandschaft ist so gut wie nichts derart kurzlebig wie die gerade populären „Buzzwords". Der Begriff Web 2.0 hingegen hat sich über die Monate als beständig herausgestellt. In immer mehr Artikeln, Produktbeschreibungen und an anderen Stellen taucht er auch heute noch ständig auf. Trotzdem besteht nach wie vor große Unklahrheit bezüglich seiner Bedeutung, denn eine klare Definition gibt es nicht.

Die Buchreihe „Informatik im Fokus" hat als Zielsetzung die Veröffentlichung zeitnaher und gut verständlicher Einführungen in die neuen Technologien, die ein entscheidender Antriebsmotor der Informatik sind. Angesichts dieser Tatsache ist eine Begriffserklärung zum Thema Web 2.0 momentan sehr angebracht. Der Begriff Web 2.0 wird oft in Kombination mit dem Begriff AJAX verwendet. Das Thema AJAX wird in einem weiteren Buch dieser Reihe ebenfalls thematisiert. Dort ist die Programmierung mit AJAX ausführlich beschrieben. Hier jedoch soll zusätzlich gezeigt werden, dass das Web 2.0 deutlich vielschichtiger ist, als das AJAX-Technologiebündel. Beide Werke ergänzen sich somit optimal.

Zu behaupten, das gesamte Internet würde das Web 2.0 bilden, ist sicherlich ebenfalls deutlich zu ungenau. Einen Anspruch auf Vollständigkeit kann und will dieses Buch zwar nicht erheben, jedoch wird die Thematik aus verschiedenen Gesichtspunkten betrachtet, wodurch die Leserinnen und Leser einen guten Gesamtüberblick gewinnen dürften.

Um das Ganze nicht zu einer weiteren theoretischen, verstaubten Abhandlung werden zu lassen, von der sich jeder technisch interessierte Leser fernhalten würde, wird ebenfalls auf Aspekte der aktuellen Webprogrammierung eingegangen. Zu jeder Technologie lässt sich daher auch immer eine ganz praktische, nachvollziehbare Aufgabe mit Lösung finden, mit der immer ein erster leichter Einstieg in die jeweilige Technologie vermittelt werden soll.

Zu den einzelnen Technologien des Web 2.0 gibt es bereits detaillierte Fachliteratur auf dem Markt. Dieses Buch hingegen soll alle Leserinnen und Leser, egal welche Vorkenntnisse sie mitbringen, auf einen einheitlichen und verständlichen Stand bringen, so dass sie eine gute Kommunikationsgrundlage haben.

Falls es jemals zu einem weiteren spürbaren Wandel im Bereich des Internets und der Etablierung des Begriffs Web 3.0 kommen sollte, werden wir ein neues, entsprechend benanntes Buch in dieser Reihe auflegen.

Bis dahin jedoch gilt erst einmal unser Dank dem Team des Springer-Verlags, insbesondere Herrn Heine und Frau Herrmann für die freunliche Unterstützung und die sehr gute Zusammenarbeit.

Des Weiteren möchten wir uns ganz herzlich bei Frau Riepl und Herrn Reinfahrt von der Firma LE-TeX Jelonek, Schmidt & Voeckler GbR für die hervorragende technische Unterstützung bedanken.

Dortmund, im Oktober 2007

Jens Behrendt
Klaus Zeppenfeld

Inhaltsverzeichnis

1 Einleitung

Dieses Buch vermittelt einen ersten Einblick in die Thematik des Web 2.0 und stellt grundlegende Informationen zur Verfügung. Prinzipiell werden in den folgenden Kapiteln Kenntnisse in HTML- und CSS-Kenntnisse vorausgesetzt. Alle weiteren relevanten Technologien sind an entsprechender Stelle näher erläutert. An einigen Stellen ist auch Erfahrung im Programmieren mit Java notwendig, zumindest für das erfolgreiche Bearbeiten der Aufgaben. Für ein grundsätzliches Verständnis der eigentlichen Webtechnologien ist es jedoch nicht notwendig.

Als Betriebssystem wird von einem Windows-System ausgegangen. Bis auf die Einzelheiten bezüglich der Installationshinweise gelten aber sämtliche anderen Angaben auch für alle weiteren Plattformen.

1.1 Beschreibung der Thematik

Der Begriff „Web 2.0" ist mittlerweile allgegenwärtig. Nachdem er vom O'Reilly-Verlag in Zusammenarbeit mit Media-Live International für die Benennung einer neuen Konferenz kreiert wurde, hat er sich mittlerweile zu einem allseits bekannten, aber auch stark diskutierten und kritisierten Schlagwort entwickelt.

Einige Verantwortliche können keine grundlegenden oder relevanten Neuerungen im Internet erkennen oder fürchten eine übertriebene Euphorie wie zu Zeiten der New Economy und das damit verbundene Risiko von Verlusten. Aus diesen Gründen kategorisieren sie den Begriff „Web 2.0" teilweise als bedeutungsloses und überladenes „Buzzword".

Auf der anderen Seite hingegen steht die Tatsache, dass das Internet in den letzten Jahren einen offensichtlichen Wandel durchlaufen hat, der durch den Begriff „Web 2.0" widergespiegelt wird. Welche Entwicklungen allerdings genau zum Web 2.0 gehören, ist genauso umstritten wie der Begriff selbst, der schließlich eine neue Version des Internets propagiert, obwohl es sich bei dem stattgefundenen Wandel offensichtlich um einen fließenden Prozess handelt.

Die volle Ausschöpfung bereits vorhandener Technologien war hierbei wesentlich relevanter als die Entwicklung und Einführung von vollständig Neuartigem. Hierfür verantwortlich war neben den Leistungen der Entwickler unter anderem der Fortschritt der Hardware. Abgesehen davon musste sich aber auch die Einstellung aller Beteiligten zum Internet ändern. Dies wird ebenfalls durch die folgende Aussage von Ian Davis, dem Leiter der Unternehmensberatung McKinsey, angedeutet:

„Web 2.0 is an attitude not a technology." [o21]

1.2 Gliederung

Im folgenden Kapitel wird zunächst eine rein theoretische Betrachtung des Web 2.0 gegeben. Diese beinhaltet im Wesentlichen

- die für die stattgefundene Entwicklung entscheidenden Technologien,
- die Kennzeichen einer Web 2.0-Anwendung und
- die in diesem Zusammenhang aktuell vorhandenen Chancen und Risiken.

In Kapitel drei dagegen liegt der Schwerpunkt auf der praktischen Umsetzung der Konzepte. Die einzelnen Technologien werden hierbei jeweils anhand eines Beispiels vorgestellt, abschließend werden entsprechende Aufgaben gestellt.

Im Einzelnen werden hierbei behandelt:

- JavaScript, JSP's und PHP,
- AJAX,
- RSS und
- Web Services.

2   Das Web 2.0 in der Theorie

Der Begriff „Web 2.0" begegnet uns in dieser Zeit in allen Medien, wobei an den wenigsten Stellen eine genaue Erklärung oder Definition dieses Schlagwortes gegeben wird. Es scheint fast so, als sei er lediglich als zusammenfassender Begriff für alle aktuellen Strömungen, Vorlieben der Benutzer und Möglichkeiten zu verstehen, die gerade populär sind oder innovativ zu sein scheinen.

Dieses Kapitel greift die beschriebene Problematik auf und gibt einen tieferen Einblick in die Thematik, so dass eine Zuordnung einer Webseite zur Kategorie „Web 2.0" weniger willkürlich erscheinen wird.

Maßgeblich geprägt wurde der Begriff „Web 2.0" von Tim O'Reilly, dem Gründer des gleichnamigen Verlages, in seinem Ende September 2005 veröffentlichten Artikel „What is Web 2.0" [o35].

Der Zusatz „2.0" findet seinen Ursprung in der Software-entwicklung. Hierbei werden verschiedenen Versionen eines Programms aufsteigend Nummern zugeordnet. Eine Erhöhung der Ziffer nach dem Komma lässt in diesem Zusammenhang auf eine verhältnismäßig kleine Veränderung schließen. In den meisten Fällen handelt es sich dabei um Fehlerkorrekturen. Eine neue Ziffer vor dem Komma hingegen bedeutet meist eine grundlegende Veränderung im Vergleich zu der vorausgegangenen Version.

Ironischerweise werden .0er-Versionen beliebiger Software-produkte von versierten Anwendern häufig gemieden, da diese erfahrungsgemäß in den meisten Fällen noch einige Fehler beinhalten, die erst in der darauf folgenden .1er-Version beho-ben werden.

Da das Internet nicht in Versionen veröffentlicht wird und somit auch keine offizielle „Web 1.0"-Version bekannt ist, erscheint die Bezeichnung „Web 2.0" manchen etwas unange-bracht. Jedoch spiegelt sie den offensichtlichen Wandel, den das Internet in den letzten Jahren durchgemacht hat, in einem kurzen, prägnanten Begriff wider.

Im Folgenden wird zuerst die historische Entwicklung des Internets zum heutigen Stand aufgezeigt. Daraufhin werden die relevanten neuen Technologien erläutert, die genauen Kennzei-chen einer Web 2.0-Anwendung in Anlehnung an den Artikel von Tim O'Reilly vorgestellt und einige ausgewählte Praxis-beispiele präsentiert. Abschließend wird ein Resümee mit den aus den aktuellen Trends und Möglichkeiten resultierenden Vor- und Nachteilen gezogen.

2.1 Entwicklung zum Web 2.0

Nachdem das World Wide Web 1989 von Tim Berners-Lee am CERN entwickelt wurde, wuchs es zunächst nur sehr langsam. Die wenigsten Firmen erkannten sofort die möglichen Potenzia-le und nur eine geringfügige Anzahl von Haushalten legte sich in den ersten Jahren einen Internetanschluss zu. Die ersten Webseiten waren rein statisch, stellten lediglich Informationen zur Verfügung und das Layout war in den meisten Fällen weder einheitlich noch besonders ansprechend.

Mit der Zeit entwickelten sich allerdings nicht nur Hard-ware und Verbindungsgeschwindigkeit, sondern auch die zur

Verfügung stehenden Technologien und mit ihnen die Angebote im Web. Internetseiten wurden dynamisch, konnten auf Benutzereingaben reagieren und immer ausgefeiltere Services zur Verfügung stellen. Mit der gesammelten Erfahrung wurden die meisten Webseiten auch etwas ansprechender gestaltet.

Als ausgewählter Meilenstein dieser Entwicklung kann die Gründung des World Wide Web Consortiums (W3C) im Oktober 1994 genannt werden, da dieses als Zusammenschluss führender Unternehmen im Bereich des Internets viele Standards durchgesetzt hat. Eine bedeutende Publikation stellen die im Dezember 1996 veröffentlichten Cascading Style Sheets (CSS) im Level 1 dar, da mit ihrer Hilfe eine größtenteils standardisierte grafische Gestaltung von Webseiten möglich wurde.

Zuerst gipfelte die beschriebene Entwicklung im Internetboom der späten 1990er Jahre. Die Anzahl der Webseiten stieg explosionsartig an und es schien, als könne jeder mit einer halbwegs passablen Webseite oder mit HTML-Kenntnissen schnelles Geld verdienen.

Geblendet von scheinbar risikolosen und schnellen Erfolgen anderer in der so genannten New Economy investierten viele Unternehmen immense Summen in mehr oder weniger erfolgversprechende Projekte und verkauften diese Investitionen teilweise an noch höher bietende Interessenten weiter. Dieser Prozess wiederholte sich im Laufe der Zeit so oft, dass nach einer gewissen Zeit die Zahlungen in keinem reellen Verhältnis zum eigentlichen Wert standen, weswegen auch an vielen Stellen von der „Seifenblase" der New Economy gesprochen wird.

Doch um den Jahrtausendwechsel platzte diese Seifenblase, die mit der Zeit immer größere Ausmaße angenommen hatte: Angesichts dauerhaft ausbleibender Profite versuchten immer mehr Investoren wieder an ihr Geld heranzukommen. Da der Irrglaube bezüglich der scheinbar risikolosen Investitionen allerdings mittlerweile allgemein bekannt geworden war, mussten sie mit der Zeit immer größer werdende Einbußen in Kauf nehmen. Nur die wenigsten Unternehmen konnten sich hiernach trotz ihrer immensen Verluste dauerhaft am Markt behaupten. Die Aktie von Yahoo, die zwischenzeitlich über 200 US-Dollar kostete, verlor beispielsweise rund 95% ihres Wertes. [o28] Die meisten anderen, kleineren und weniger erfolgreichen Unternehmen mussten sich komplett vom Markt zurückziehen.

Durch diesen Fall der New Economy kann die Skepsis und das Misstrauen einiger Unternehmen und Menschen in den aktuellen Trend und die herrschende Euphorie erklärt werden: Mittlerweile hat erneut ein deutlicher Aufschwung das Internet und sein Umfeld erfasst, der zwar wieder einige Investoren anlockt, aber noch nicht alle Verantwortlichen restlos überzeugen konnte.

Die Voraussetzungen für diesen Boom lassen sich wie folgt darstellen: Mit der Zeit entwickelten sich nicht nur die angebotenen Dienste, sondern auch die Zugangsvoraussetzungen für die Benutzer zum Positiven, so dass das Internet mittlerweile von breiten Schichten der Bevölkerung als Massenmedium akzeptiert und auch regelmäßig benutzt wird. Allein aus dieser Tatsache resultiert die aktuell herrschende Euphorie bezüglich des Internets: Da heute mehr Menschen als jemals zuvor über Webseiten erreicht, informiert und gegebenenfalls auch zu einer Handlung animiert werden können, ist es für viele Anbieter auch wieder attraktiver geworden, in diesen Bereich zu investieren.

Der aktuelle Zustand des Internets und des gesamten Umfeldes wird zurzeit gerne mit dem Begriff „Web 2.0" bezeichnet. Viele Anwendungen, die jetzt dem Web 2.0 zugeordnet werden, existieren allerdings schon bedeutend länger als der Begriff selbst. Ob diese Zuordnung gerechtfertigt ist und was eine Web 2.0-Anwendung generell ausmacht, sollen die folgenden Abschnitte zeigen.

2.2 Entscheidende Technologien

Für ein besseres Verständnis werden vor der näheren Erläuterung der Kennzeichen einer Web 2.0-Anwendung an dieser Stelle die Technologien erläutert, die einen maßgeblichen Einfluss auf die Weiterentwicklung der Möglichkeiten des Internets in den letzten Jahren hatten. Ohne sie wären die einzelnen, als innovativ empfundenen Funktionen oder Services nicht zu verwirklichen gewesen.

In diesem Zusammenhang sind zu nennen:

- AJAX,
- RSS und
- Web Services.

Für einen Einblick in die genaueren Funktionsweisen sei auf das folgende Kap. 3 verwiesen. An dieser Stelle sollen für ein besseres Verständnis der folgenden Abschnitte zunächst einmal die mit ihnen zu erzielenden Effekte vorgestellt werden:

Mit AJAX kann die Kommunikation auf einer Webseite insofern verfeinert werden, als dass nicht mehr nach jeder Anfrage an den Server die komplette Seite neu geladen werden muss.

Mit RSS können Inhalte einer Webseite abonniert werden, so dass Aktualisierungen jeweils auf den Computern der einzelnen Internetnutzer geladen werden können.

Mit Web Services dagegen können auch teilweise komplexe Funktionen von ihrem Urheber angeboten und von verschiedenen Anbietern in ihre Webseiten mit integriert werden, so dass eine Eigenentwicklung zu großen Teilen entfällt, sie wieder verwendet und die dazu gehörigen Abläufe automatisiert werden können.

2.3 Kennzeichen

Bei dem Versuch, einen so ungenauen und teilweise allumfassenden Begriff wie „Web 2.0" zu definieren, sollten Meinungsverschiedenheiten niemanden überraschen. So findet auch der eingangs erwähnte Artikel „What is Web 2.0" [o35] von Tim O'Reilly keine einhellige Zustimmung.

Trotzdem sollen seine Kernaussagen im Folgenden vorgestellt werden. Abbildung 2.1 dient in diesem Zusammenhang als eine Einführung in die Thematik, indem sie in einer „Meme Map" die Grundideen des angesprochenen O'Reilly-Artikels verdeutlicht. Alternative oder ergänzende Meinungen zum Thema werden abschließend in diesem Abschnitt ebenfalls vorgestellt.

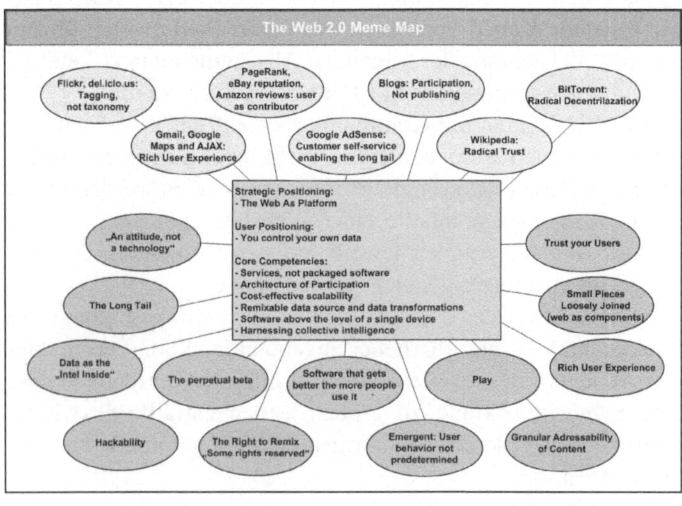

Abb. 2.1. Die Web 2.0 Meme-Map, vgl. [o35]

2.3.1 O'Reilly: „What is Web 2.0"

In seinem Artikel benennt Tim O'Reilly sieben verschiedene Merkmale, an denen sich Web 2.0-Anwendungen messen lassen sollen. In diesem Zusammenhang betont er ausdrücklich, dass nicht alle Kennzeichen ausgeprägt sein müssen, damit eine Zuordnung einer Internetseite zur Kategorie „Web 2.0" sinnvoll ist. Eine deutliche Ausprägung eines einzelnen Faktors sei oftmals sehr viel aussagekräftiger, als wenn alle sieben jeweils nur oberflächlich berührt würden.

Diese Kennzeichen werden in den folgenden Abschnitten der Reihe nach im Original und mit einer Erläuterung aufgeführt. Hierbei sollte beachtet werden, dass auch nach O'Reilly die wesentlichen Punkte vielfach nicht unbedingt aus neuen Entwicklungen resultieren, sondern sich viel mehr aus der vollkommenen Ausschöpfung der bereits lange vorhandenen Potentiale des Internets ergeben.

2.3.1.1 The Web As Platform

„Eine Internetapplikation soll das Internet als Plattform verwenden". Diese Aussage scheint auf den ersten Blick wenig gehaltvoll, da sie auch auf jede statische Internetseite zutrifft. O'Reilly wollte aber vielmehr damit aussagen, dass komplexe Programme mittlerweile im Internet ausgeführt werden können und nicht mehr nur auf einem lokalen Rechner. Trotzdem benötigt ein Benutzer auch hierbei immer noch eine Desktop-Applikation, um die jeweilige Internetseite erreichen und auch nutzen zu können. In den meisten Fällen handelt es sich hierbei um einen Internetbrowser. Eine Anwendung sollte sich in dieser Beziehung deshalb eher daran messen lassen, inwieweit sie sich ohne Zugang zum Internet sinnvoll ausführen lässt.

2.3.1.2 Harnessing Collective Intelligence

Der Aufruf, sich die kollektive Intelligenz aller Internetnutzer nutzbar zu machen, ist ein zentraler und oft genannter Punkt im Zusammenhang mit Web 2.0. Die praktische Umsetzung kann dabei auf verschiedene Ansätze aufbauen.

Zum einen sollte das bereits im Internet vorhandene Wissen von allen vorhandenen Internetseiten nutzbar gemacht werden. Dies kann im einfachsten Fall durch entsprechende Verlinkungen realisiert werden. Effektive Suchalgorithmen machen außerdem eine erfolgreiche Internetrecherche erheblich einfacher und der Aufwand für die ständige Suche nach neuen, in das Internet eingespeisten Informationen kann durch die Benutzung von gegebenenfalls bereitgestellten RSS-Feeds minimiert werden.

Zum anderen kann der Internetnutzer direkt dazu aufgefordert werden, sein Wissen oder seine Erfahrungen auf der jeweiligen Internetseite einzugeben und so der breiten Masse zugänglich zu machen.

Die anderen Besucher dieser Seite können anschließend direkt von den getätigten Eingaben profitieren. Die Motivation für den Aufwand des Schreibens mag in einem gesteigerten Geltungsdrang liegen oder auch in einem Gemeinschaftsgefühl und dem Wunsch, sich bei der Masse zu revanchieren. Jedenfalls hat die Praxis gezeigt, dass solche Gefühle verbreitet genug sind und entsprechende Ansätze folglich durchaus funktionieren können.

Der große Vorteil für die Betreiber einer solchen Seite liegt darin, dass sie nach dem Bereitstellen eines entsprechenden Portals keinen oder nur wenig weiteren eigenen Aufwand betreiben müssen.

Die Qualität der vorhandenen Informationen ist natürlich direkt abhängig von der Aufrichtigkeit und dem Wissen der jeweiligen Autoren. Von einer kollektiven Intelligenz ist deswegen nicht auf jeder Seite des Internets etwas zu spüren.

Jedoch kann davon ausgegangen werden, dass irgendwo im riesigen Informationspool des Internets die richtigen Angaben gefunden werden können, zumindest wenn der Suchende intelligent oder wissend genug ist, sie als solche zu erkennen.

Da allerdings auch die immer weiter wachsenden Videoportale und vergleichbare Anwendungen zum Web 2.0 gezählt werden sollten, ist das genannte Kriterium bezüglich der kollektiven Intelligenz etwas abzumildern: So sind die von den Benutzern generierten oder eingestellten Daten eher als ausschlaggebendes Argument bei der Zuordnung einer Anwendung zur Kategorie „Web 2.0" zu nennen.

2.3.1.3 *Data is the Next Intel Inside*

Angesichts der Tatsache, dass sich viele Webseiten durch Wiederverwendung bestehender Komponenten und „Best Practices" mittlerweile immer mehr gleichen, sind die hinterlegten Daten der einzig verbleibende Faktor, mit dem sich ein Seitenanbieter sichtbar von der Konkurrenz abgrenzen kann.

Dies kann zum Beispiel an den verschiedenen aufkommenden Kartendiensten gesehen werden: Die zugrunde liegende Technik konnte von Mitanbietern schnell kopiert werden. Durch verschiedenes Kartenmaterial jedoch können sich einzelne Betreiber nach wie vor von den restlichen Angeboten erfolgreich absetzen.

Im Zusammenhang mit der Erstellung einer einzigartigen Datenbasis kann unter anderem die beschriebene Nutzung der kollektiven Intelligenz erfolgversprechend eingesetzt werden. Dies kann entweder, wie zum Beispiel bei Wikipedia[1], der einzige angebotene Service sein, oder aber, wie bei Amazon in Form der dokumentierten Kundenbewertungen, einen ergänzenden strategischen Geschäftsvorteil ausmachen. Von anderen

---

[1]   siehe Abschn. 2.4.1

Käufern getätigte Aussagen wirken in einem solchen Zusammenhang stets glaubwürdiger als die Werbematerialien der jeweiligen Hersteller.

2.3.1.4 *End of the Software Release Cycle*

Im Zeitalter des Web 2.0 werden viele Services über lange Zeit hinweg nur als Beta-Versionen online zur Verfügung gestellt. Als bekannte Beispiele können insbesondere einige Anwendungen der Google Inc. genannt werden, wie zum Beispiel „Google Mail" [o15] oder auch „Google Docs und Spreadsheets"[2]. Der Grund hierfür liegt in der Tatsache, dass nicht wie bisher bei traditioneller Software die gesamte Anwendung geplant, entwickelt, getestet und als ein Paket veröffentlicht wird, sondern schon während der Entwicklungsphase für Internetnutzer erreichbar ist.

Der große Vorteil für die Entwickler ist, dass eventuell vorhandene Fehler noch in dieser Phase mit einer an Sicherheit grenzenden Wahrscheinlichkeit, dank einer ansonsten nie vorhandenen Menge an Testpersonen, aufgedeckt werden. Außerdem können bei einer, in einzelne Services aufgegliederten Auslieferung der Software die jeweiligen Reaktionen und die Akzeptanz der Benutzer ermittelt und entsprechend reagiert werden.

In manchen Projekten werden einige Besucher der Webseite sogar als kostenlose Mitentwickler eingespannt.

2.3.1.5 *Lightweight Programming Models*

Während in der Entwicklung von Desktop-Applikationen immer noch eine stärkere Ausprägung von komponentenbasierter Softwareentwicklung gefordert wird, ist dies im Bereich von

---

[2] siehe Abschn. 2.4.2

Internetseiten schon längst in sogar noch kleinerem Maßstab gängige Praxis: Kleinere Services können auch unabhängig voneinander benutzt und wiederverwendet werden. Schnittstellen zu Web Services verschiedener Anbieter wurden offengelegt, so dass sie jeder Seitenbetreiber nutzen kann. Die Barrieren der Wiederverwendung bestehender Komponenten, seien es einfache HTML-Fragmente, RSS- oder AJAX-Anwendungen sind prinzipiell sehr niedrig.

Bei den einfachsten Web Services werden lediglich standardisierte Daten bereitgestellt, wobei sich der Entwickler nicht weiter darum kümmern muss, was beim Nutzer mit diesen Daten geschehen soll. Dieses Prinzip erleichtert eine erfolgreiche Entwicklung oder auch Wiederverwendung zusätzlich.

2.3.1.6 *Software Above the Level of a Single Device*

„Internetsoftware soll auf mehr als einem Gerät laufen." Diese Forderung wurde im Grunde genommen schon mit der ersten online gegangenen Webseite erfüllt, da bei einem erfolgreichen Zugriff mindestens zwei Geräte beteiligt waren: ein Server, der die Seite zur Verfügung stellte, und ein Client, der sie aus dem Internet aufrief und lud.

O'Reilly ist aber der Meinung, dass sich das Internet auch in diesem Punkt weiterentwickelt hat und auch noch weiterentwickeln wird. Mobile Endgeräte würden immer mehr genutzt werden und weitere Geräte, wie zum Beispiel Telefone und Autos, würden mit der Zeit einen Internetanschluss bekommen, entsprechende angebotene Services nutzen und auch eigene Daten übermitteln können.

2.3.1.7 *Rich User Experience*

Neuartige Erfahrungen konnte der Internetnutzer in den letzten Monaten an vielen Stellen aufgrund neu eingesetzter

Technologien sammeln. Nachdem mit Applets oder Flash gestaltete Funktionalitäten mittlerweile bereits als Standard angesehen werden, erregten insbesondere AJAX-nutzende Anwendungen in der Vergangenheit viel Aufmerksamkeit. Ebenfalls nicht unerwähnt bleiben sollte in diesem Zusammenhang die immer weiter wachsende Internettelefonie, die sich des „Voice over IP" bedient.

Im Zusammenhang mit diesen und altbewährten Technologien können und werden vermutlich in Zukunft noch weitere, früher für das Internet nicht vorstellbare Anwendungen online gestellt werden.

2.3.2 Weitere Kennzeichen

Gegen Tim O'Reillys Versuch einer Definition des Begriffs „Web 2.0" stehen die Ansichten einiger anderer Internetbenutzer. Diese versuchen teilweise die aktuellen Trends insoweit zu vereinfachen, dass

- das Web 1.0 Computer verbunden hat, während
- das Web 2.0 Menschen verbindet.

Diese Interpretation wirkt bei näherer Betrachtung etwas übertrieben, wenn nicht sogar falsch, da das Internet ursprünglich für den menschlichen Gebrauch entwickelt wurde. Dennoch lässt sich der zusätzliche Schwerpunkt der Aussage in Verbindung mit Web 2.0 nicht leugnen:

So genannte „Communities" stellen zurzeit einen aktuellen Trend im Internet dar. In diesen Internetgemeinschaften schließen sich verschiedene Benutzer zusammen, indem sie einige Daten von sich angeben und mit anderen registrierten Mitgliedern auf der zur Verfügung gestellten Plattform interagieren können. Dies kann entweder eher geschäftlichen Interessen dienen, wie zum Beispiel bei XING[3], oder auch für die rein private Nutzung bestimmt sein, wie in einer der zahlreich vorhandenen Single-Kontaktbörsen im Internet. Abgesehen von Mitgliedern dieser speziellen Seiten können auch die Betreiber von Blogs[4] als eine Art Gemeinschaft angesehen werden.

Von einzelnen Internet-Technologien oder Entwicklungen unabhängig sind einige weitere Punkte zu nennen, die trotzdem maßgeblich zur jetzigen Gestalt des Internets beigetragen haben:

Nicht alle Firmen und Seitenbetreiber, die vom Platzen der New-Economy-Seifenblase betroffen waren, mussten zu diesem Zeitpunkt auch gleich Konkurs anmelden. Die Anbieter mit dem größten Potenzial und den besten Ideen konnten sich damals durchsetzen und aus ihren eigenen sowie den von anderen begangenen Fehlern lernen. So haben sich mittlerweile allseits bekannte „Best Practices" herausgebildet, wie beispielsweise das bevorzugte Positionieren von Navigationsleisten am linken Bildschirmrand oder einem Seitenlogo in der linken oberen Ecke des Bildschirmes, das einen Link zur Startseite darstellt.

Ebenso haben auch die Anwender Erfahrung im Umgang mit dem Internet sammeln können. Zusätzlich ist die Anzahl der Haushalte, die einen Internetzugang besitzen, in den letzten Jahren ständig gestiegen, so dass auch immer mehr Menschen die zur Verfügung stehenden Internetanwendungen nutzen können. Mit dazu beigetragen haben nicht zuletzt der Fortschritt der Hardware, sowohl auf der Client- als auch auf der Server-Seite, schnellere Internetverbindungen sowie gesunkene Preise für die benötigten Geräte und die Internetnutzung generell. Somit können heute Anwendungen im Internet von mehr Nutzern als jemals zuvor ohne die früher überall auftretenden Wartezeiten aufgerufen und benutzt werden.

---

[3] Früher bekannt als OpenBC
[4] Online-Tagebücher, siehe Abschn. 2.4.4

Zusammenfassend sollte das Web 2.0 demnach als Kombination aller Standpunkte angesehen werden. Eine strenge Kategorisierung oder eindeutige Zuordnung von Internetanwendungen zum Web 2.0 ist allerdings nicht immer möglich, da der Begriff trotz aller vorgestellten Argumente nirgends fest definiert ist und es viele Ansichten über die genaue Bedeutung gibt. Alle Interpretationen haben allerdings gemeinsam, dass das Internet einen großen Wandel durchgemacht hat und das Schlagwort „Web 2.0" einen deutlich sichtbaren Fortschritt kennzeichnet.

Auch wenn der Begriff „Web 2.0" angesichts der Versionsnummer immer noch unglücklich gewählt zu sein scheint, sollte trotzdem klar geworden sein, was die aktuelle Situation des Internets ausmacht. Wegen der eher allgemein gehaltenen Aussagekraft dieser Bezeichnung kann jedoch nicht sichergestellt werden, dass nicht in näherer Zukunft auch andere Technologien oder Entwicklungen damit in Verbindung gebracht werden.

2.4   Praxisbeispiele

An dieser Stelle werden drei der bekanntesten und in Verbindung mit Web 2.0 am häufigsten genannten Webanwendungen vorgestellt, die auch jeweils in mehreren Punkten den von O'Reilly aufgestellten Kriterien[5] entsprechen:

Wikipedia, Writely und Flickr.

Darüber hinaus wird das Phänomen der Blogs genauer beschrieben.

Dies soll dem Leser einen aktuellen und praxisnahen Einblick in das Web 2.0 geben, nachdem die Thematik bislang nur theoretisch behandelt wurde.

---

[5]   siehe Abschn. 2.3.1

2.4.1 Wikipedia

Wikipedia ist ein im Januar 2001 online gestelltes, populäres Online-Lexikon, das in der deutschsprachigen Version unter www.wikipedia.de kostenfrei erreichbar ist. Der Name „Wikipedia" ist als eine Kombination aus „encyclopedia" und dem hawaiianischen „wiki" für „schnell" zu verstehen und beschreibt sehr gut, was diese Webseite ausmacht: Ein universelles Nachschlagewerk, das von jedem Internet-Arbeitsplatz der Welt schnell zu erreichen ist und in sehr kurzer Zeit eine mit kommerziellen Produkten vergleichbare Größe erreicht hat.

Ein großer Vorteil, den aber auch sämtliche andere Nachschlagewerke im Internet oder auf CD nutzen können, ist die Verwendung von Hyperlinks. Durch deren Einsatz kann das Recherchieren erheblich vereinfacht werden, da die Artikel verwandter oder weiterführender Themen schnell erreichbar sind.

Das starke Wachstum, die aktuelle Größe und die daraus resultierende Popularität von Wikipedia sind allein dadurch zu erklären, dass theoretisch jeder Besucher der Seite einen neuen Artikel verfassen oder einen bestehenden überarbeiten kann. Aus diesem Grund ist Wikipedia mittlerweile das Paradebeispiel für eine erfolgreiche Nutzung der kollektiven Intelligenz der Internetnutzer (vgl. Abschn. 2.3.1.2).

Das offensichtlich vorhandene Vertrauen auf das Wissen der jeweiligen Autoren birgt allerdings auch das große Risiko dieses Nachschlagewerkes in sich: Man kann sich der Korrektheit der Inhalte eines beliebigen Artikels nie sicher sein. Einerseits ist zwar eine ständige Kontrolle durch die Menge der Besucher gegeben, und gegebenenfalls falsche oder sinnlose Änderungen können schnell rückgängig gemacht werden, da die letzten Versionen der Artikel immer gespeichert bleiben. Andererseits jedoch sind Inhalte von der breiten Masse schwer zu kontrollieren, wenn es sich dabei um Details oder Fachwissen handelt, das nur wenigen Personen zur Verfügung steht.

In der Vergangenheit sind bereits einige auffallend falsche Einträge bekannt geworden, die teilweise über Monate in den Artikeln von Wikipedia zu finden waren. So versuchten gleich mehrere US-Politiker dort ihre Biographien zu verschönern, um nicht durch negative Punkte in ihren Lebensläufen Wählerstimmen zu verlieren. In der deutschen Wikipedia-Version wurden unter anderem Copyright-geschützte Artikel aus Nachschlagewerken der ehemaligen DDR gefunden, deren Inhalte zudem als umstritten gelten. Der amerikanische Verleger John Seigenthaler wurde in einem Beitrag fälschlicherweise beschuldigt, an den Morden an John F. und Robert Kennedy beteiligt gewesen zu sein, und der Schweizer Informatiker Bertrand Meyer wurde in seiner Wikipedia-Biographie seiner fortgesetzten Atmung zum Trotz für tot erklärt.

Wikipedia ist somit eine gute Anlaufstelle, um sich einen ersten Überblick über ein Thema zu verschaffen oder sein Allgemeinwissen in normalerweise allseits bekannten Themen aufzubessern. Für eine tiefer gehende oder gar wissenschaftliche Recherche ist es allerdings aufgrund der beschriebenen Unzuverlässigkeit der Inhalte weniger geeignet. Die jeweils unter den Artikeln angegebenen Quellenangaben und Literaturhinweise hingegen können eine nützliche Hilfestellung darstellen.

Da die Betreiber sich dieser Problematik mittlerweile bewusst geworden sind, soll zumindest in der englischsprachigen Version eine Freischaltung von Änderungen an die Registrierung des Autors geknüpft werden. Außerdem ist geplant, die einzelnen Artikel inhaltlich zu überprüfen und in einer gesonderten, statischen Version von Wikipedia online zu stellen. Wer diese Überprüfung allerdings durchführen wird und inwieweit sich der Benutzer anschließend auf diese überarbeiteten Inhalte verlassen kann, ist weiterhin unklar.

Ein Screenshot eines beispielhaften Wikipedia-Artikels wird abschließend zu diesem Abschnitt in Abb. 2.2 gezeigt.

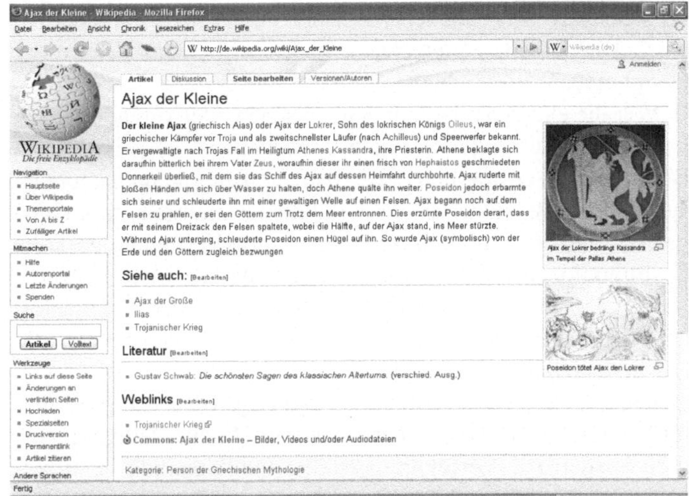

Abb. 2.2. Wikipedia-Screenshot

2.4.2 Writely

Writely ist eine webbasierte Textverarbeitung, die im März 2006 von der Firma Google gekauft wurde. Im Herbst gleichen Jahres wurde die Anwendung in „Google Docs" umbenannt, ist aber immer noch unter www.writely.com zusammen mit einer webbasierten Tabellenkalkulation namens „Google Spreadsheets" erreichbar. Der Name „Writely" ist allerdings nach wie vor erheblich bekannter als „Google Docs", weshalb er auch hier Verwendung findet.

Für einen bei Google registrierten Benutzer besteht auf dieser Webseite die Möglichkeit, seine Textdokumente oder Tabellenkalkulationen online zu bearbeiten. Zur Verfügung stehen hierbei ähnliche Funktionen, wie bei den entsprechenden Produkten der Microsoft- oder Open-Office-Gruppe und eine vergleichbare Oberfläche, wie auch aus Abb. 2.3 ersichtlich wird. Die jeweiligen Dateien werden auf einem Server der Google Inc. abgespeichert.

Wer die einzelnen Dokumente einsehen oder verändern darf, kann der Benutzer jeweils selbst entscheiden. Markiert er ein Dokument als „öffentlich verfügbar", so kann theoretisch jeder andere Writely-Nutzer es ansehen und auch verändern, vorausgesetzt, dass er es über entsprechende, zur Verfügung gestellte Suchfunktionen gefunden hat. Darüber hinaus ist es möglich, die Zugriffsrechte einzuschränken, so dass nur der Autor selbst und gegebenenfalls von ihm ausgewählte Personen auf das Dokument zugreifen können.

Um anderen Account-Inhabern den Zugriff auf ein geschütztes Dokument zu ermöglichen, muss der Urheber lediglich eine vom System zur Verfügung gestellte Funktionalität benutzen, in der er die Email-Adressen der anderen Benutzer angeben

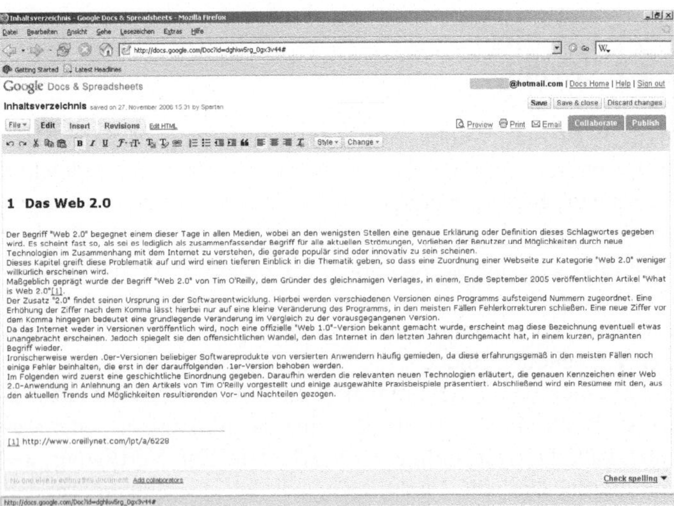

Abb. 2.3. Writely-Screenshot

muss. Diese bekommen daraufhin jeweils eine Email mit einem Passwort, so dass sie die ansonsten nicht sichtbare und somit geschützte Datei mit bearbeiten können.

Ein Im- oder Export der Dateien in den gängigen Formaten, wie zum Beispiel .doc, wird ebenfalls angeboten. Somit kann ein Benutzer ein vorher auf seinem PC mit MS Word erstelltes Dokument bei „Google Docs" hochladen, von jedem anderen Arbeitsplatz der Welt darauf zugreifen, die Inhalte verändern und bei Bedarf auch wieder eine Sicherung auf seiner lokalen Festplatte abspeichern. Auch ist ein Kopieren von Inhalten zwischen einem Worddokument und einer geöffneten Google-Docs-Datei über die „Copy-Paste"-Funktion problemlos möglich.

Ein gleichzeitiges Bearbeiten eines Dokumentes von mehreren Benutzern wird von der Anwendung ebenfalls unterstützt, wenn eine entsprechende Zahl von Nutzern die nötigen Zugriffsrechte besitzt. Sollten einmal zwei oder mehrere Benutzer Änderungen zur selben Zeit und an der gleichen Stelle vollziehen, so erscheint eine entsprechende Meldung und alle bis auf einen müssen ihre Eingaben rückgängig machen. Ansonsten wird eine gleichzeitige Bearbeitung an verschiedenen Stellen unterstützt.

Für Dokumente mit vertraulichen Inhalten erscheint das beschriebene System wenig geeignet. Der Benutzer weiß lediglich, dass seine Dateien irgendwo bei Google auf einem Server liegen, jedoch nicht, wie diese geschützt sind und welche Angestellten von Google gegebenenfalls Zugriff erhalten können. Ein solches Kundenvertrauen aufzubauen ist eine schwierige bis unmögliche Herausforderung, vor der Google zum aktuellen Zeitpunkt steht. Außerdem wird nirgends eine bestimmte Verfügbarkeit des Dienstes garantiert, weswegen erst einmal hauptsächlich private Nutzer dieses Angebot wahrnehmen werden.

Gemäß dem Artikel von Tim O'Reilly kann diese Anwendung insbesondere in zwei Punkten dem Web 2.0 zugeordnet werden: Zum einen wird das Web als Plattform benutzt (vgl. Abschn. 2.3.1.1). Vergleichbare Anwendungen, wie zum Beispiel MS Word waren bislang nur als Desktop-Applikationen bekannt. Nun können sie in einer, auf die Basisfunktionalitäten beschränkten Version auch online ausgeführt werden, ohne dass eine lokale Installation erforderlich ist. Zum anderen wurde exzessiver Gebrauch von AJAX-Technologien gemacht, um einen solchen Service überhaupt anbieten zu können (vgl. Abschn. 2.3.1.7). Eine Textverarbeitung, bei der nach jedem Befehl die gesamte Seite neu geladen werden müsste, hätte wohl auch kaum Akzeptanz gefunden.

2.4.3 Flickr

Die Webseite www.flickr.com ist nach ihrem ersten Auftritt im Internet im Jahr 2002 mittlerweile zu einem riesigen Bilderarchiv gewachsen. Ähnlich wie bei dem im vorigen Abschnitt vorgestellten Writely kann jeder Nutzer mit einem Account bei der Betreiberfirma seine privaten Fotos auf den Server der Webseite laden, so dass diese von da ab unter einem Alias, dem so genannten Nicknamen des jeweiligen Benutzers, auf einer separaten Seite erreichbar sind. In diesem Fall handelt es sich bei dem Betreiber um Yahoo, nachdem die ursprünglich entwickelnde Firma Anfang 2005 aufgekauft wurde.

Neben dem direkten Hochladen der Fotos auf der Webseite ist es ebenfalls möglich, sich hierfür einer Reihe verschiedener Softwareprodukte aus dem Opensource-Bereich zu bedienen, die teilweise auch direkt von Flickr zur Verfügung gestellt werden. Eine weitere Möglichkeit besteht darin, die jeweiligen Fotos per Mail an eine Flickr-Adresse zu schicken, von der sie dann automatisch für die Fotogalerie des Absenders gespeichert werden.

Ob die Fotos von jedem anderen Nutzer eingesehen werden dürfen, kann der Account-Inhaber für jedes Foto einzeln entscheiden. Ebenso kann er Kommentare zu den jeweiligen Fotos oder Anmerkungen zu Bildausschnitten hinterlassen.

Zusätzlich ist es möglich Gruppen anzulegen, deren Mitglieder Fotos zu einem Thema auf einer einzigen Seite hinterlegen können. Somit können verschiedene Interessengruppen ein gemeinsames Fotoalbum anlegen und müssen nicht nach anderen passenden Fotos auf den Seiten anderer Mitglieder suchen.

Trotzdem ist gerade die neuartige Unterstützung der Suche nach themenspezifischen Bildern der Faktor, der Flickr am meisten auszeichnet: Ein Benutzer kann zu jedem Foto beliebig viele Schlüsselwörter angeben, um den Inhalt zu kategorisieren. Diese Schlüsselwörter werden Tags genannt und können als Suchindex verwendet werden. Abbildung 2.4 zeigt die populärsten, bei Flickr verwendeten Tags, wobei ein Tag-Name umso größer dargestellt wird, je häufiger er bei Fotos angegeben wurde.

Das Hinzufügen von Kommentaren oder Tags zu einzelnen Bildern steht auch jedem anderen Besucher zur Verfügung.

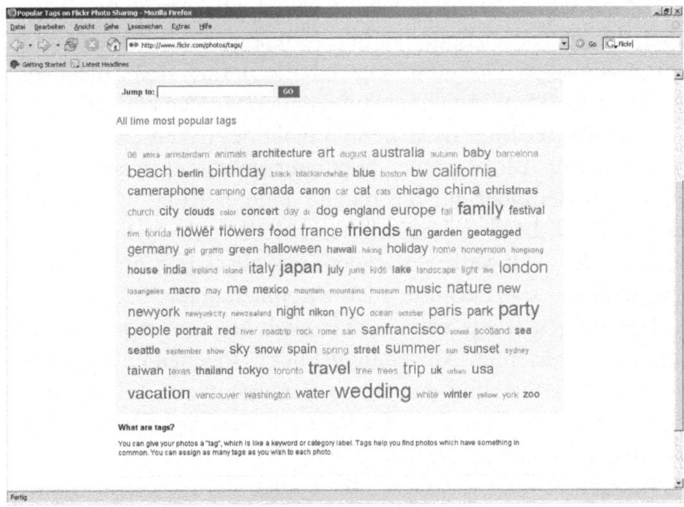

Abb. 2.4. Flickr-Tags

Somit können gerade bei wenig erfahrenen Mitgliedern die passenden und auch ansonsten oft verwendeten Tags von anderen Benutzern eingetragen werden.

Neben diesen Möglichkeiten der Interaktion wird bei Flickr das Gemeinschaftsgefühl der Mitglieder dadurch gefördert, dass sie sich gegenseitig Nachrichten schicken und als „Freunde" markieren können.

Neben dem offensichtlichsten Merkmal, der einzigartigen, von den Benutzern erstellten Datenbasis, ist eine Zuordnung dieser Anwendung zur Kategorie „Web 2.0" also auch aufgrund des umgesetzten Community-Gedankens sinnvoll (vgl. Abschn. 2.3.2).

2.4.4 Blogs

Der Begriff „Blog" ist als Kombination der Worte „Web" und „Log" zu sehen. Ein Blog stellt folglich eine Art Online-Tagebuch dar, in das der Betreiber in regelmäßigen Abständen und in chronologischer Ordnung neue Inhalte online stellt, die meist auch von anderen Besuchern kommentiert werden können.

Ein einziger Blog ist sicherlich nicht dem Web 2.0 zuzuordnen, doch da Blogs immer populärer geworden sind und die einzelnen Betreiber auf die Inhalte anderer Blogs Bezug nehmen und auf diese verlinken, ist mit der Zeit ein nicht zu unterschätzendes Netzwerk entstanden, das zusätzlich durch einige entsprechend spezialisierte Suchmaschinen unterstützt wird.

Bei einigen Blogs werden, wie auch bei der im letzten Abschnitt vorgestellten Anwendung Flickr, sogenannte Tags vergeben. Diese beliebig gewählten Schlüsselworte bilden somit eine Grundlage, um eine Suche nach Einträgen zum selben Thema effizienter zu gestalten.

Betrachtet man die Gesamtheit aller vorhandenen Online-Tagebücher im World Wide Web, häufig auch Blogosphäre genannt, so stellen diese eine zwar sehr ungeordnete und subjektive, aber dennoch erstaunlich große Informationsbasis bezüglich der Meinungen und Erfahrungen der einzelnen Autoren dar.

2.5 Chancen und Risiken

Neue Technologien bieten natürlich auch immer neue Möglichkeiten für Anwender und Entwickler. Trotz aller Begeisterung sollte aber an manchen Stellen eher vorsichtig mit ihnen umgegangen werden. So ist eventuell nicht jede Webseite gleich gut für einen RSS-Feed geeignet und bei AJAX-Anwendungen sollte bei der Entwicklung die spätere Abhängigkeit von JavaScript und gegebenenfalls auftretende Unsicherheiten bei den Anwendern wegen der ungewohnten Art der Kommunikation mit berücksichtigt werden.

Ebenfalls scheint zumindest teilweise zweifelhaft, ob das Vertrauen in die viel gepriesene kollektive Intelligenz immer gerechtfertigt ist. Am Beispiel von Wikipedia konnten bereits mögliche Risiken aufgezeigt werden (siehe Abschn. 2.4.1). Wie auch schon im Programm der „Web 2.0 Conference 2006" mit dem provokanten Programmpunkt „Collective Intelligence or The Madness of Crowds" [o40] angedeutet wurde, sollte in den meisten Fällen nicht von einer allwissenden Allgemeinheit ausgegangen werden. Somit ist, trotz der reizvollen Informationsangebote des Internets, gerade bei wissenschaftlichen Arbeiten eine bewusste Auswahl der Quellen und gegebenenfalls eine traditionelle Recherche nach wie vor unabdingbar.

Ein weiteres potenzielles Risiko in der Nutzung von Web 2.0-Anwendungen liegt in der unbewussten oder unbedachten Preisgabe von teils persönlichen Daten. So sollte der jeweilige Internetnutzer vorsichtig sein, was er bereit ist der Allgemeinheit von sich preiszugeben, und sich stets bewusst sein, dass gegebenenfalls getätigte Eingaben über mehrere Jahre hinweg gespeichert bleiben können. Gerade durch die Verwendung von Hyperlinks können auch von anderen Personen publizierte Angaben mit der eigenen Person in Verbindung gebracht werden, wenn auch nur an einer einzigen Stelle ein Name erwähnt wird. Auch können potenzielle Arbeitgeber oder Firmen, die ihre Werbung auf einzelne Kunden zuschneiden wollen, Internetrecherche betreiben und auf diesem Weg Informationen erhalten, die ihnen der Einzelne normalerweise nicht freiwillig mitgeteilt hätte.

Prinzipiell sollten Investoren darauf bedacht sein, dass, auch wenn wieder vieles im Bereich des Internets möglich zu sein scheint, nicht erneut eine ähnliche Situation eintritt wie zu den „Glanzzeiten" der New Economy. Man sollte also versuchen, ein gesundes Maß an Objektivität zu wahren und nicht mit einer zu überschwänglichen Herangehensweise an die Thematik eine neue Seifenblase aufbauen. Das andere Extrem in dieser Beziehung könnte allerdings genauso schädlich sein: Auch wenn die fallenden Aktienkurse und Konkurs anmeldende IT-Unternehmen zu Zeiten des Jahrtausendwechsels eine gewisse Skepsis gelehrt haben, sollten die aktuell vorhandenen Potenziale dennoch nicht ignoriert werden.

Welche Herangehensweise das Optimum darstellt, kann zum aktuellen Zeitpunkt nicht geklärt werden. Allein die Zukunft wird zeigen, welche Entscheidungen und Investitionen erfolgsträchtig waren.

Auf jeden Fall sollten jedoch einige aktuelle Trends möglichst nicht weiter fortgeführt werden, um das Vertrauen der Anwender in das Medium Internet nicht wieder zu reduzieren. So können mit Werbeanzeigen überladene Webseiten, ein weiterer Zuwachs im Bereich der Spam-Mails, versteckte Dialer oder auch ein Rückgang von qualitativ hochwertigen Gratis-Diensten zugunsten von entsprechenden kostenpflichtigen Webseiten die generelle Akzeptanz des World Wide Web untergraben.

3 Das Web 2.0 in der Praxis

Nachdem die Theorie, die hinter einer Web 2.0-Anwendung steht, nun klar geworden sein sollte, werden in diesem Kapitel die Technologien näher betrachtet, die einen maßgeblichen Einfluss auf die Weiterentwicklung der Möglichkeiten des Internets in den letzten Jahren hatten. Ohne sie wären die einzelnen, als innovativ empfundenen Funktionen oder Services nicht zu verwirklichen gewesen.

In diesem Zusammenhang sind zu nennen:

- AJAX,
- RSS und
- Web Services.

Zuvor jedoch werden mit

- JavaScript,
- JSP und
- PHP

die vermutlich am weitesten verbreiteten Möglichkeiten vorgestellt, dynamische Webseiten zu erstellen. Diese Programmier- bzw. Scriptsprachen werden auch in der Praxis bereits seit etlichen Jahren auf dem Großteil aller Webseiten eingesetzt. Jedoch sind sie für den stattgefundenen Wandel mit verantwortlich, stellen eine unabdingbare Basis für jeden ernsthaften Webprogrammierer dar und bilden zudem eine Möglichkeit, eine für Communities elementar notwendige

Sessionverwaltung zu realisieren, so dass sie an dieser Stelle ebenfalls ausführlich Erwähnung finden.

Die einzelnen Technologien werden in den folgenden Abschnitten beschrieben. Dabei wird jeweils zunächst der Nutzen aufgezeigt, den der Endanwender aus ihnen ziehen kann, woraufhin die genaue Funktionsweise anhand eines Praxisbeispiels erläutert wird. Zur Vertiefung der behandelten Inhalte werden zudem Übungsaufgaben gestellt.

Soll bei einer Webseite nicht nur clientseitig Quelltext verarbeitet, z. B. HTML-Code angezeigt werden, sondern auch auf dem Server weitere Aktivitäten stattfinden, so müssen die einzelnen Dateien dort in einem geeigneten Container platziert werden. Hierfür ist in den meisten Fällen der Apache Tomcat gut geeignet und ausreichend. Für den hierin unerfahrenen Leser bietet Anhang B eine entsprechende Einführung.

Im Laufe der Zeit wurden zudem einige Standard-Frameworks entwickelt, die es erleichtern, sich wiederholende Anforderungen standardkonform zu lösen. Unter anderem können in diesem Zusammenhang Java Server Faces (JSF) und Ruby on Rails genannt werden. Jedoch sind zum einen mit ihnen keine neuen Funktionen zu realisieren und zum anderen bietet eine nähere Betrachtung dieser Thematik genug Stoff für weitere Bücher, so dass sie hier nicht weiter behandelt werden.

3.1 Dynamische Webseiten

Dynamische Webseiten grenzen sich von statischen im Wesentlichen dadurch ab, dass sie auf Eingaben der Benutzer reagieren können. Um solche Funktionalitäten ermöglichen zu können, gibt es verschiedene Möglichkeiten in der Programmierung. Im Folgenden werden mit JavaScript, JSP's und PHP die drei geläufigsten vorgestellt. Diese Technologien werden zwar schon seit Jahren benutzt, also bedeutend länger, als der Begriff „Web 2.0" überhaupt existiert. Dennoch stellen sie die Basis für die meisten populären Webseiten dar und sind demzufolge nach wie vor höchst relevant.

Allen drei Möglichkeiten haftet der Nachteil an, dass der Programmierer gegebenenfalls vor dem Problem des Debuggens, also der Fehlersuche steht. In diesem Fall muss er entweder ausgehend von der fehlerhaften Anzeige oder ggf. unterstützt durch die teilweise sehr mangelhaften Fehlermeldungen der Browser selbst Zeile für Zeile seines Codes durchsehen, um die fehlerhafte Stelle zu finden, oder sich hierfür einer entsprechenden Software oder eines Plug-Ins für die jeweils verwendete Entwicklungsumgebung bedienen. Gerade bei größeren Projekten ist dieses wegen der zu erwartenden Komplexität der Anwendung dringend zu empfehlen. Für die auf den nächsten Seiten vorgestellten Beispiele dagegen ist es noch nicht unbedingt notwendig.

Als praktisches Beispiel zur Verdeutlichung der Funktionsweise wird in den Abschnitten zu JSP (3.1.2) und PHP (3.1.3) jeweils eine Sessionverwaltung implementiert, wie sie in nahezu allen Communities Verwendung findet.

Da das im Internet eingesetzte Protokoll, das Hypertext Transfer Protocol (HTTP), keine Zustände speichern kann, ist eine solche Rechteverwaltung nicht ohne weiteres möglich. Um Informationen trotzdem innerhalb einer Sitzung speichern, also geschützte Internetseiten realisieren zu können, ohne auf jeder einzelnen Seite eine Passwortabfrage einzubauen, gibt es prinzipiell drei verschiedene Ansätze:

- versteckte Felder,
- Erweiterung der URLs und
- Cookies.

Beim Einsatz von versteckten Feldern können in diesen Sitzungsinformationen eingetragen werden, von denen der

Endnutzer dank eines entsprechend gesetzten CSS-Attributs nichts zu sehen bekommt. Diese können dann bei jeder Anfrage an den Server mit gesendet werden, wo entsprechend zu reagieren ist. Allerdings müssen diese Daten auch bei jedem neuen Seitenaufruf dynamisch mit erstellt werden.

Sollen die Zielangaben der einzelnen vorhandenen Links um entsprechende Sitzungsinformationen erweitert werden, so sind diese ebenfalls beim Erzeugen der Seite dynamisch mit einzubinden. Vergleichbar zum Einsatz von versteckten Feldern werden somit bei jedem Request zusätzliche Informationen mit gesendet, auf die auf der Serverseite entsprechend reagiert werden kann.

Cookies hingegen sind kleine Daten, die vom Server erzeugt und auf der Clientseite gespeichert werden. Diese werden danach bei jedem Aufruf an den Server mit gesendet, von dem sie erzeugt wurden. Im Vergleich zu den anderen Alternativen ist diese die eleganteste, da nicht zusätzlicher HTML-Code erzeugt werden muss und die Informationen nicht für jeden sichtbar in der URL mit übertragen werden, so dass kein offensichtliches Sicherheitsrisiko besteht. Zusätzliche Sicherheit resultiert daraus, dass Cookies nur an den erzeugenden Server gesendet werden, die beinhalteten Daten also an keiner anderen Stelle ausgelesen werden können.

Aus diesem Grund wird in den folgenden Abschnitten jeweils eine Sessionverwaltung mittels Cookies vorgestellt. Das Speichern von Cookies kann zwar in den gängigen Browsern vom Anwender verhindert werden. Auch bieten sowohl JSP als auch PHP vordefinierte Objekte für eine Sessionverwaltung an. Dafür benutzen diese jedoch ebenfalls in den meisten Fällen Cookies. Ihre Funktionsweise ist nicht ohne weiteres nachvollziehbar. Prinzipiell können Cookies auch in anderen Zusammenhängen eingesetzt werden, beispielsweise bei der Implementierung eines Warenkorbs.

3.1.1 JavaScript

JavaScript ist eine eigenständige, objektbasierte Programmiersprache, die es dem Webentwickler erlaubt, clientseitig Quelltext ausführen zu lassen, womit der oder die Rechner auf der Serverseite geschont werden können. Die Syntax ist im Wesentlichen an Java angelehnt, grenzt sich aber hauptsächlich dadurch ab, dass keine Variablentypen vorhanden sind.

Aufgrund der clientseitigen Ausführung (vgl. Abb. 3.1) kann der Quelltext über die Quelltextanzeige der Browser angezeigt und herauskopiert werden. Somit können auch unerfahrene Benutzer mit kleinen Anpassungen komplexe JavaScript-Funktionen in ihre Webseite einbauen, was nicht zuletzt zur Popularität solcher Anwendungen beigetragen hat.

Neben dem im Folgenden gezeigten Praxisbeispiel findet sich weiterer erläuterter Quelltext in Abschn. 3.2 bei der näheren Betrachtung von AJAX.

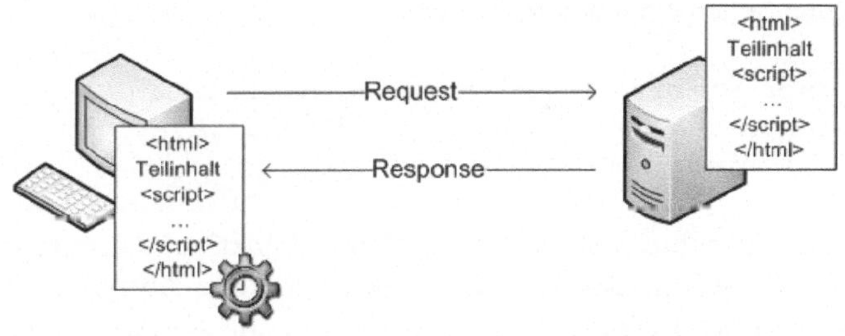

Abb. 3.1. Clientseitige Verarbeitung von JavaScript

3.1.1.1 Einführung

Die einzelnen Java-Script-Anweisungen können an jeder Stelle im HTML-Gerüst platziert werden, müssen aber durch die Tags

```
<script type="text/javascript" > … </script>
```

kenntlich gemacht werden. Das Attribut „type" ist hierbei nicht zwingend erforderlich.

In der Regel wird JavaScript weniger verwendet, um größere Funktionen aufzurufen, sondern eher um optische Highlights zu setzen, die Benutzerführung dynamischer zu gestalten oder um Pop-up-Fenster zu realisieren. Durch den Hype um AJAX jedoch wird JavaScript mittlerweile auch wieder mehr für komplexere Anwendungen verwendet.

Immer wiederkehrende Funktionen oder Variablen können neben einer direkten Deklaration im HTML-Dokument auch in eine externe Datei mit der Endung „.js" ausgelagert und über den folgenden, im Header zu platzierenden Befehl in die einzelnen Seiten eingebunden werden:

```
<script src="relativer/pfad/name.js"
language="JavaScript" type="text/javascript">
</script>
```

Die vermutlich bekannteste JavaScript-Funktion ist der „alert (string)"-Befehl, der eine Dialogbox mit dem übergebenen String öffnet. Bevor dieses Fenster nicht geschlossen wird, kann der Benutzer nicht wieder auf die aufrufende Seite zugreifen.

Die aus anderen Programmiersprachen bekannten Kontrollfunktionen wie „if", „else" oder „while" entsprechen in ihrem Aufbau der Java-Syntax. Variablen hingegen sind alle vom Typ „var" und werden intern je nach Bedarf als Zahlen, Zeichenketten oder boolean-Werte interpretiert.

Um auf in Eingabefelder getätigte Eingaben zuzugreifen,
müssen diese über

```
var temp =
document.formular_name.feld_id.value;
```

angesprochen werden. Auch stehen dem Entwickler standardgemäß vorhandene Funktionen zur Verfügung, die über entsprechende Objekt- und Funktionsnamen aufgerufen werden
können. Beispielsweise beinhaltet das bereits oben angesprochene Objekt „document" Methoden zum Zugriff auf Elemente, die im Browser angezeigt werden. Über „Math" können die
gängigsten mathematischen Formeln abgebildet werden. Eine
Übersicht über sämtliche Objektreferenzen ist beispielsweise
bei SELFHTML [o33] vorhanden.

Unglücklicherweise treten bei der intensiven Verwendung
von JavaScript einige Nachteile auf:

- In sämtlichen populären Browsern kann der Anwender
  JavaScript ohne größere Umstände einfach blockieren. Der
  Entwickler kann sich also nie darauf verlassen, dass sein
  Code auf dem einzelnen Client auch ausgeführt wird.
- Durch das blinde Kopieren und Verwenden von bestehenden
  JavaScript-Funktionen hat sich sowohl guter als auch man-
  gelhafter Quelltext schnell und weit verbreitet und Einzug in
  einzelne Java-Script-Bibliotheken gefunden. Durch das Verwenden von ungeprüften fremden Funktionen ist also zumindest zweifelhaft, ob sie nicht teilweise etwas anderes
  bewirken als das, was der Entwickler mit ihrem Einsatz be-
  absichtigt hat.
- Zudem ist der meiste eingesetzte Quelltext schlecht oder gar
  nicht dokumentiert, was ein Nachvollziehen seiner genauen
  Funktionen zusätzlich erschwert.

- Da die verschiedenen Browser einzelne Java-Script-Befehle unterschiedlich interpretieren, muss der Entwickler häufig für eine Funktion doppelten Code schreiben, damit er in mehr als einem Browser korrekt ausgeführt wird. In Abschn. 3.2.7.1 wird dieses Phänomen noch einmal genauer beschrieben.

3.1.2 JSP

Java Server Pages (JSP) bilden eine Möglichkeit, Java-Quelltext in eine HTML-Seite einzubetten. Neben der somit vorhandenen Syntax kann zusätzlich auf Attribute oder Operationen der auf dem gleichen Server vorhandenen Java-Klassen zugegriffen werden. Auch ist eine Einbindung von fertigen Tag-Bibliotheken möglich, so dass der im HTML-Dokument vorhandene Java-Code minimiert werden kann.

Die Ausführung der einzelnen Befehle erfolgt auf dem Server (vgl. Abb. 3.2), so dass dem Anwender die reinen Ergebnisse in Form von HTML-Code übermittelt werden. Somit können darin individuell Daten eingetragen werden, die auf dem Server gespeichert sind. Außerdem können die einzelnen Funktionen nicht so leicht wie bei JavaScript kopiert und die verschiedenen Client- bzw. Browsereigenschaften müssen in diesem Bereich vergleichsweise wenig berücksichtigt werden.

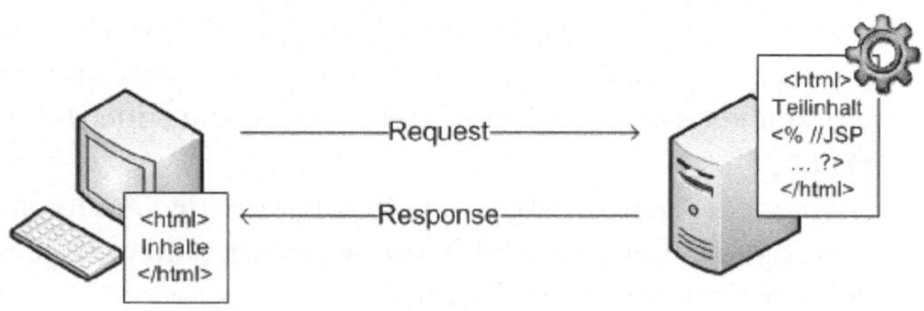

Abb. 3.2. Serverseitige Verarbeitung von JSPs

Dafür steigt die Serverauslastung allerdings verständlicherweise bei hoch frequentierten Webseiten immens an.

3.1.2.1 Einführung

Der jeweilige Java-Quelltext kann an beliebiger Stelle im HTML-Gerüst platziert werden. Damit er auch ausgeführt werden kann, ist ein entsprechend eingerichteter Servlet-Container als Laufzeitumgebung erforderlich, wie z. B. der Apache Tomcat[6]. Die jeweilige Seite ist statt als „.html" oder „.htm" mit der Endung „.jsp" abzuspeichern.

Kenntlich gemacht werden die einzelnen JSP-Anweisungen jeweils dadurch, dass sie zwischen die folgenden Zeichen eingebettet sind:

```
<% ... %>
```

Alternativ zu einem „out.println()"-Befehl kann auch folgendes Code-Segment verwendet werden, um Inhalte der HTML-Datei zu generieren bzw. Texte, Tags oder Variableninhalte auszugeben:

```
<%= meinAttribut%>
```

Wird auf diese Weise eine Operation aufgerufen, die das Ergebnis zurückliefert, ist auf das Semikolon zu verzichten. Ansonsten ist jeder Befehl – wie auch in Java – damit abzuschließen.

Dadurch, dass JSP zur Laufzeit in Servlets umgewandelt werden, kann in ihnen auch entsprechend auf Get- oder Post-Requests reagiert und die darin enthaltenen Variablen können ausgelesen werden.

```
requst.getParameter("Name_des_Elements");
```

---

[6] siehe Anhang B

Unter „Element" wird in diesem Zusammenhang jedweder Inhalt der HTML-Seite verstanden, in denen die übertragenden Informationen ursprünglich vom Benutzer eingegeben wurden. Dies könnten Textfelder, Checkboxes o. ä. sein.

Um auch ansonsten die Fülle der von Java zur Verfügung gestellten Funktionen nutzen zu können, können vorhandene oder selbst erstellte Klassen importiert werden. Dies geschieht über den Befehl

```
<%@ page import="java.util.*" %>
```

Zuletzt sei erwähnt, dass auch der HTML-Code in Abhängigkeit von den Java-Befehlen dargestellt werden kann. Wird beispielsweise eine if-Bedingung aufgestellt, eine geschweifte Klammer anschließend geöffnet und das JSP-Statement mit %> abgeschlossen, so werden die folgenden HTML-Elemente nur angezeigt, wenn die zuvor abgefragte Bedingung auch erfüllt ist. Danach muss verständlicherweise innerhalb eines JSP-Befehls die Klammer wieder geschlossen werden. Somit müssen nicht sämtliche HTML-Ausgaben je nach den eingetretenen Bedingungen mit „out.println"-Befehlen generiert werden, so dass der Quelltext wesentlich lesbarer bleibt.

3.1.2.2 Sessionverwaltung mit JSP

Für eine Sessionverwaltung muss nach der Authentifizierung der Benutzereingaben erst einmal ein Cookie erzeugt und an den Client gesendet werden. Dies ist in einer JSP über folgenden Quelltext zu erreichen:

```
Cookie cookie = new Cookie("meinKey",
"meineId");
Cookie.setMaxAge(60);
Response.addCookie();
```

Im ersten Attribut des Konstruktors wird dem Cookie ein Name zugewiesen, über den es von der Anwendung identifiziert werden kann, wenn es bei einem neuen Aufruf vom Client an den Server gesendet wird. Im zweiten, dem Value-Attribut, hingegen wird die ID des angemeldeten Benutzers gespeichert, so dass ihm seine Session auch während der späteren Anwendung zugeordnet werden kann. Somit ist es möglich, ihn namentlich zu begrüßen, seine Daten anzuzeigen und ihm seine einzelnen Zugriffsrechte einzuräumen.

Durch den Befehl

```
setMaxAge()
```

wird die Gültigkeitsdauer des Cookies in Sekunden festgelegt, die in diesem Fall eine Minute beträgt. Ist diese Zeitspanne abgelaufen, wird dieses Cookie automatisch nicht mehr an den Server geschickt, der Benutzer hat also keine Zugriffsrechte mehr. Der letzte Teil des gezeigten Quelltexts bewirkt schlussendlich, dass das erzeugte Cookie an den Client zurückgesendet wird.

Bei jedem Besuch einer geschützten Seite müssen nun alle vom Client zurückgesendeten Cookies ausgelesen und überprüft werden, ob sie dieser Anwendung zugeordnet werden können. Bei einem positiven Ergebnis ist die Gültigkeitsdauer dieses Cookies erneut zu überschreiben, damit der angemeldete Benutzer nur bei fortschreitender Inaktivität automatisch ausgeloggt wird.

Durch den folgenden Quelltext wird diese Funktion erreicht:

```
Cookie[] cookies = request.getCookies();
boolean visited = false;
if(cookies!=null)
for (int i = 0; i < cookies.length; i++){
   if(cookies[i].getName().equals("meinKey")){
```

```
    visited = true;
    Cookie cookie = new Cookie(key,
    cookies[i].getValue());
    cookie.setMaxAge(60*30);
    response.addCookie(cookie);
  }
}
```

Zuerst werden sämtliche, vom Client zurückgegebenen Cookies in einem gleichnamigen Feld gespeichert. Handelt es sich hierbei um wenigstens ein Cookie, so ist das Objekt ungleich NULL, woraufhin überprüft wird, ob auch das gesuchte Cookie darunter ist. Ist dies der Fall, so wird die Variable „visited" zur späteren Überprüfung auf „true" gesetzt und das bestehende Cookie mit einer neuen Gültigkeitsdauer überschrieben, so dass es nicht verfällt.

Andernfalls geschieht an dieser Stelle nichts weiter, so dass die Variable „visited" weiterhin „false" beinhaltet und dem Benutzer nach einer entsprechenden Abfrage eine Fehlermeldung ausgegeben werden kann.

Für eine Logout-Funktion müsste lediglich das bestehende Cookie überschrieben werden, wobei die Gültigkeitsdauer des neu anzulegenden auf Null zu setzen ist.

3.1.3 PHP

Hypertext Preprocessor oder abgekürzt auch PHP genannt ist eine weitere Skriptsprache. Die Ausführung des jeweiligen Quelltexts erfolgt, vergleichbar mit den im vorherigen Abschnitt vorgestellten JSP, serverseitig, mit allen damit verbundenen Vor- und Nachteilen (vgl. Abb. 3.3).

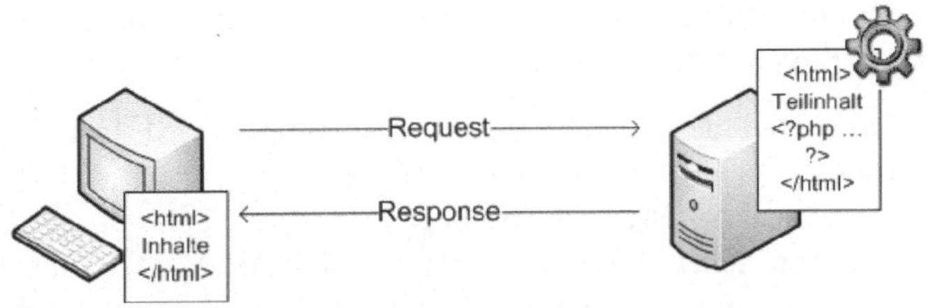

Abb. 3.3. Serverseitige Verarbeitung von PHP

Objektorientierte Entwicklung ist zwar prinzipiell möglich, doch wurde PHP ursprünglich prozedural angelegt und wird auch meistens nach wie vor noch so genutzt. Entsprechend schwerer sind somit viele der damit erstellten Seiten zu warten oder auch zu überarbeiten.

3.1.3.1 Einführung

Die Einrichtung einer lokalen Test- bzw. Entwicklungsumgebung kann etwas aufwändiger sein als für JavaScript oder JSP. Ein Tomcat-Server in einer neueren Version kann zwar nach einigen Manipulationen ebenfalls als Laufzeitumgebung dienen, doch es spricht auch nichts gegen den ursprünglich hierfür vorgesehenen Server: den Apache.

Im Internet kursieren zahlreiche Tutorials für die notwendigen Schritte, die im Wesentlichen den Download, die Installation und die Einrichtung von PHP und Apache umfassen. Auch gibt es einige fertig geschnürte Installationspakete, die einigen Aufwand ersparen können. Doch werden hierbei immer zusätzlich einige Komponenten installiert, die vermutlich erst einmal nicht benötigt werden. Auch behält man bei der manuellen Einrichtung besser den Überblick.

Die folgenden Schritte sollten für die eine erste Begegnung mit PHP völlig ausreichen:

- Download des Apache als Win32 Binary (MSI Installer) [o06].
- Download des PHP „zip-packages" [o29].
- Anlegen eines Verzeichnisses auf Laufwerk D: namens „Server". Es ist zwar auch jedes andere Verzeichnis für eine erfolgreiche Installation möglich, doch können so mit den aktuellen Versionen unnötige Anpassungen vermieden werden.
- Entpacken der zip-Datei nach D:\Server\php5.
- Installieren des Apache mit den vorgeschlagenen Werten. Allein der Zielpfad ist auf D:\Server\ umzustellen.
- Damit der Server nun auch PHP als solches erkennt, sind zuletzt in der Datei „D:\Server\conf\httpd.conf" nach dem letzten „LoadModule …"-Eintrag folgende Zeilen einzufügen:

```
LoadModule php5_module
"D:/Server/php5/php5apache2_2.dll"
AddType application/x-httpd-php .php
PHPIniDir "D:/Server/php5"
```

- Anschließender Neustart des Servers über den in der Taskleiste angezeigten „Apache Service Monitor".
- Testaufruf der in D:\Server\htdocs\ befindlichen „index.html" über http://localhost.

Jede PHP-Anweisung wird direkt zwischen den einzelnen HTML-Anweisungen platziert, die einzelne Seite ist mit der Endung „.php" abzuspeichern. Ein Block von PHP-Befehlen ist jeweils zwischen die Tags

```
<? ... ?>
```

einzubetten. Eine Ausgabe von Variablen oder Text erfolgt über den Befehl

```
<? echo "<p>Hallo Welt </p>"; ?>
```

Alternativ zu „echo" kann auch mit „print" gearbeitet werden.

In PHP gibt es zwar unterschiedliche Variablentypen, doch werden diese nur intern so behandelt. Der Programmierer dagegen geht mit allen gleich um, seien es nun Zahlen, Zeichenketten oder Sonstiges. Bei jedem Ansprechen oder Deklarieren müssen die Variablen jeweils nur mit einem vorgestellten Dollarzeichen gekennzeichnet werden:

```
$einString = "Text";
$eineZahl = 8;
```

Verständlicherweise muss auch in PHP auf einzelne Requests reagiert werden. Um hierfür auf die Inhalte der übergebenen Variablen zugreifen zu können, sind je nach Übertragsart die folgenden Befehle einzusetzen:

```
$_POST['name_des_Elements']
$_GET['name_des_Elements']
```

Unter „Element" wird in diesem Zusammenhang jedweder Inhalt der HTML-Seite verstanden, in denen die übertragenden Informationen ursprünglich vom Benutzer eingegeben wurden. Dies könnten Textfelder, Checkboxes o. ä. sein.

Eine Verschachtelung von HTML und PHP-Quelltext bei if-Abfragen oder Ähnlichem ist genauso möglich wie es auch schon für JSP's beschrieben wurde.

3.1.3.2 *Sessionverwaltung mit PHP*

Für eine Sessionverwaltung muss nach der Authentifizierung der Benutzereingaben erst einmal ein Cookie erzeugt und an den Client gesendet werden. Dies ist in einer PHP-Seite über den folgenden Funktionsaufruf zu erreichen:

```
setcookie("MeinKey","MeineID",Time()+60);
```

Im ersten Attribut wird hierbei dem Cookie ein Name zugewiesen, über den es von der Anwendung identifiziert werden kann, wenn es bei einem neuen Aufruf vom Client an den Server gesendet wird. Im zweiten, dem Value-Attribut hingegen wird die ID des angemeldeten Benutzers gespeichert, so dass ihm seine Session auch während der späteren Anwendung zugeordnet werden kann. Somit ist es möglich, ihn namentlich zu begrüßen, seine Daten anzuzeigen und ihm seine einzelnen Zugriffsrechte einzuräumen.

Durch das dritte Attribut

```
Time()+60
```

wird die Gültigkeitsdauer des Cookies in Sekunden festgelegt. Hierfür wird über den Aufruf des Konstruktors „Time()" die aktuelle Zeit ermittelt. Diesem Wert werden anschließend 60 Sekunden hinzuaddiert. Ist dieser Zeitpunkt einmal erreicht, ohne dass das Cookie und somit seine Gültigkeitsdauer überschrieben wurde, so wird dieses Cookie automatisch nicht mehr an den Server geschickt, der Benutzer hat also keine Zugriffsrechte mehr.

Bei jedem Besuch einer geschützten Seite müssen nun alle vom Client zurückgesendeten Cookies ausgelesen und daraufhin

überprüft werden, ob sie dieser Anwendung zugeordnet werden
können. Bei einem positiven Ergebnis ist die Gültigkeitsdauer
dieses Cookies erneut zu überschreiben, damit der angemeldete
Benutzer nur bei fortschreitender Inaktivität automatisch ausgeloggt wird.

Durch den folgenden Quelltext wird diese Funktion erreicht:

```
$visited = false;
if(isset($_COOKIE['MeinKey'])) {
   $visited = true;
   setcookie("MeinKey",$_COOKIE['MeinKey'],
   Time()+60);}
```

Zuerst wird überprüft, ob ein Cookie mit dem relevanten
Namen vom Client übermittelt wurde. Ist dies der Fall, liefert
die Operation „isset" „true" zurück, so dass die zwischen den
geschweiften Klammern platzierten Anweisungen ausgeführt
werden. Hierbei wird die Variable „visited" zur späteren Überprüfung auf „true" gesetzt und das bestehende Cookie mit einer
neuen Gültigkeitsdauer überschrieben, so dass es nicht verfällt.

Andernfalls geschieht an dieser Stelle nichts weiter, so dass
die Variable „visited" weiterhin „false" beinhaltet und dem
Benutzer nach einer entsprechenden Abfrage eine Fehlermeldung ausgegeben werden kann.

Für eine Logout-Funktion müsste lediglich das bestehende
Cookie überschrieben werden, wobei die Gültigkeitsdauer des
neu anzulegenden auf Null zu setzen ist.

Besonders zu beachten ist bei PHP, dass die gezeigten Funktionen, die Cookies an den Client zurücksenden, an erster Stelle im PHP-Dokument stehen müssen. Erst danach darf auch der
HTML-Tag <html> stehen. Ansonsten wird der Server eine
Fehlermeldung produzieren und an den Benutzer ausgeben.

3.1.4 Aufgabe

Schreiben Sie jeweils mit JavaScript, JSP und PHP einen BMI-Rechner. Dieser soll aus den Eingaben Gewicht (x) in Kilogramm und Körpergröße (y) in Zentimeter die Kennzahl nach folgender Formel ermitteln:

$$BMI = (x \text{ in kg}) / (y \text{ in m})^2$$

Das Ergebnis soll anschließend in geeigneter Form an den Benutzer ausgegeben werden. Im Falle von einem Normalgewicht sollte dieser Wert in etwa zwischen 19 und 26 liegen.

3.2 AJAX

Asynchronous JavaScript and XML wird abgekürzt auch AJAX genannt. Der Begriff wurde Anfang 2005 von Jesse James Garrett in einem kurzen Artikel mit dem Titel „AJAX: A New Approach to Web Applications" [o11] geprägt. AJAX ist als Sammelbegriff einiger moderner Webtechnologien zu verstehen und wird von vielen im Zusammenhang mit Webanwendungen fälschlicherweise gleichbedeutend mit dem Begriff „Web 2.0" verwendet.

Nichtsdestotrotz ist AJAX unbestreitbar die am meisten thematisierte Technologie im Zusammenhang mit Web 2.0. Deswegen fallen die folgenden Ausführungen vergleichsweise ausführlich aus.

Die einzelnen relevanten Technologien sind:

- JavaScript, als clientseitige Programmiersprache,
- XMLHttpRequest, für die asynchrone Client-Server-Kommunikation,
- Document Object Model (DOM), für den asynchronen Seitenaufbau und
- Cascading Stylesheets (CSS), für das Design der Seite.

Abgesehen von JavaScript, das bereits in Abschn. 3.1.1 ausreichend thematisiert wurde, werden diese Techniken im Folgenden einzeln vorgestellt. Um eine Möglichkeit der serverseitigen Verarbeitung aufzuzeigen, wird zusätzlich eine Einführung in Java Servlets gegeben.

Abschließend werden die Ergebnisse zusammengefasst und in einen Zusammenhang miteinander gebracht.

3.2.1 XMLHttpRequest

Der XMLHttpRequest stellt den eigentlichen Kern von AJAX dar, denn erst mit ihm wird die asynchrone Client-Server-Kommunikation ermöglicht.

Da die Kommunikation vom Client ausgeht, wird der XMLHttpRequest auch dort mit Hilfe von JavaScript erzeugt. Beim Erzeugen eines entsprechenden Objektes auf der Webseite müssen allerdings noch die jeweiligen Browsereigenschaften berücksichtigt werden, da es noch keinen von den Browserherstellern akzeptierten Standard bezüglich dieser Technologie gibt. Eine mögliche Realisierung eines solchen Aufrufes zeigt der folgende Quelltext:

```
function createXMLHttpRequest(){
  var request - null;
  try {
    // für IE (neuere Version)
    request = new
        ActiveXObject("MSXML2.XMLHTTP");
  }
  catch (err_MSXML2) {
    try {
      //für IE (ältere Version)
      request = new
        ActiveXObject("Microsoft.XMLHTTP");
```

```
      }
      catch (err_Microsoft) {
        //für Mozilla, Firefox, Opera, Safari
        if (typeof XMLHttpRequest !=
        "undefined")
          request = new XMLHttpRequest;
      }
    }
    return request;
  }
```

Nach seiner Erzeugung werden über das XMLHttpRequest-Objekt mittels HTTP die zu bearbeitenden Daten an den Server gesendet, dort verarbeitet und das Ergebnis in das response-Text-Attribut des XMLHttpRequest-Objektes geschrieben.

Beinhalten kann das responseText-Attribut nicht nur ein XML-Dokument, sondern alternativ auch einfachen Text. Obwohl die Bezeichnung des Requests sowie das ‚X' in AJAX darauf hindeuten, ist XML somit nicht zwangsläufig Bestandteil eines erfolgreich ausgeführten XMLHttpRequests. Bei komplexeren Antworten ist der Einsatz allerdings zu empfehlen, da unter anderem mit dem Document Object Model[7] dem Programmierer eine mächtige Schnittstelle zur Datenverwaltung zur Verfügung steht.

Im Falle eines XML-Dokumentes als Rückgabewert ist dieses zusätzlich über das Attribut „responseXML" des XMLHttpRequest-Objekts ansprechbar. Andernfalls wird hier der Wert „null" gespeichert.

Weiterhin kann nicht nur ein erfolgreich bearbeiteter XMLHttpRequest eine Aktion auf der Webseite auslösen; während seiner Verarbeitung können auf dem Client die einzelnen auf

---

[7] siehe Abschn. 3.2.2

dem Server ablaufenden Phasen ermittelt und ihnen Funktionen zugeordnet werden. Mögliche Phasen hierbei sind:

- Uninitialized: Der Request wurde noch nicht initialisiert.
- Loading: Der Request wird geladen.
- Loaded: Der Request wurde geladen.
- Interactive: Der Request wird zurzeit verarbeitet.
- Completed: Die Verarbeitung ist abgeschlossen.

Der folgende Java-Script-Quelltext zeigt, wie hierfür der Status des Request-Objektes abgefragt und entsprechende Operationen aufgerufen werden können:

```
function handleStateChange(request){
  switch (request.readyState){
    case 0 : // UNINITIALIZED
    case 1 : // LOADING
    case 2 : // LOADED
    case 3 : // INTERACTIVE
    case 4 : // COMPLETED
      showResponse(request.responseText);
      break;
    default : // fehlerhafter Status
  }
}
```

Diese Funktion muss bei jeder Statusänderung aufgerufen werden. Im oben abgebildeten Fall wird hierbei erst nach erfolgreichem Abschluss des Requests die Operation „showResponse" mit dem Ergebnis des Requests aufgerufen. Den übrigen Phasen wird keine weitere Funktion zugewiesen.

Um den Programmieraufwand insgesamt zu verringern, kann sich der Programmierer bei der Implementierung verschiedener Java-Script-Bibliotheken bedienen. Zusätzlich reduziert sich damit die Zeit des Testens und Debuggings. Abschn. 3.2.7 zeigt mit Prototype.js eine in der Praxis oft benutzte und bewährte Open-Source-Bibliothek.

Weitergehende Informationen lassen sich in jedem Buch zum Thema AJAX finden, beispielsweise in dem dieser Buchreihe zugehörigen Werk „AJAX – Geschichte, Technologie, Zukunft". Eine Auflistung der Methoden und Eigenschaften des XMLHttpRequest-Objektes befindet sich außerdem unter anderem auf der entsprechenden Webseite des W3C [o38].

3.2.2 Document Object Model

Das Document Object Model (DOM) ist eine sprach- und plattformunabhängige standardisierte Schnittstelle. Es erlaubt den Zugriff auf die Inhalte jeglicher wohlgeformter XML-Dokumente, die Manipulation der Inhalte oder auch des Aufbaus des Dokumentes, was ein Hinzufügen oder Löschen von Knoten beinhalten kann.

Sämtliche Dokumente werden aus der Sicht des DOMs auf aus Kanten und Knoten bestehende Bäume abgebildet. Ein Knoten beinhaltet dabei jeweils den Text, den der entsprechende Tag im ursprünglichen XML-Dokument umschlossen hat. Wie auch aus Abb. 3.4 ersichtlich wird, bleibt die hierarchische Anordnung der Elemente hierbei bestehen. Einzelne Knoten können bei Bedarf lokalisiert und ihre Inhalte verändert werden.

Im Rahmen von AJAX findet das Document Object Model seinen Einsatz in der partiellen Aktualisierung der Seite nach erfolgter asynchroner Client-Server-Kommunikation. Hierfür wird ein Element der Webseite – beispielsweise ein Textfeld oder ein Absatz – mittels in JavaScript realisierten DOM-Befehlen identifiziert und sein Inhalt manipuliert. Dieses Element wird also verändert, während der Rest der Seite wie gehabt bestehen bleibt. Der Benutzer wird folglich in seiner Aktivität nicht durch einen neuen Seitenaufbau unterbrochen.

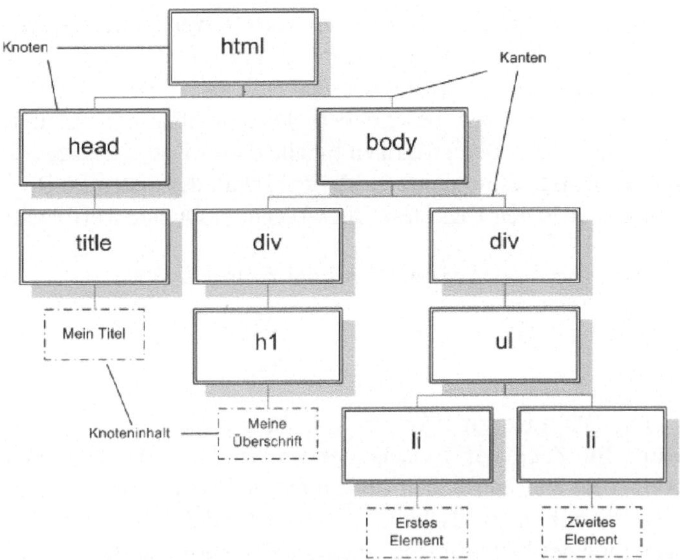

Abb. 3.4. Auf DOM-Baum abgebildetes HTML-Dokument

Zur Identifikation des jeweiligen Elements muss die entsprechende ID oder das name-Attribut angegeben werden:

```
var aktuell =
document.getElementById("meineID");
var aktuell =
document.getElementByName("meinName");
```

„document" steht hierbei für einen imaginären Wurzelknoten, der auf das HTML-Dokument verweist.

Die Wertzuweisung kann nun mit dem folgenden Quelltext erfolgen:

```
aktuell.value="mein neuer Inhalt";
```

Sollen hierbei die Inhalte einer vom Server zurückgegebenen XML-Datei dargestellt werden, müssen diese ebenfalls über DOM-Scripting herausgelesen werden.

Wie bereits oben beschrieben, können über das Attribut „responseXML" die jeweiligen Inhalte dieser Datei herausgelesen werden. Dieses kann z. B. für den Inhalt des ersten im Response enthaltenen Tags „test" über folgenden Quelltext erfolgen:

```
var dom = originalRequest.responseXML;
var test =
dom.getElementsByTagName("test").item(0).
                        firstChild.nodeValue;
```

Das DOM ist seit 1998 ein vom W3C verabschiedeter Standard. Im Zuge der fortschreitenden Weiterentwicklung und Aktualisierung entstanden im Laufe der Zeit mehrere Versionen, die allerdings als Level bezeichnet werden. Auf eine Erläuterung der Unterschiede zwischen den einzelnen Level wird an dieser Stelle auf Grund von mangelnder Relevanz verzichtet. Bei Interesse sei auf die Ausführungen des W3C unter http://www.w3.org/DOM verwiesen.

3.2.3 Cascading Style Sheets

Die Cascading Style Sheets (CSS) sind kein zwingend nötiger Bestandteil einer Webseite mit asynchroner Client-Server-Kommunikation. Dennoch schloss Jesse James Garrett, der Namensgeber von AJAX, sie in das so benannte Technologiebündel mit ein. Außerdem finden sie Beachtung in den meisten Abhandlungen zu AJAX und sollten prinzipiell Bestandteil einer jeden professionell gestalteten Webseite sein, weswegen sie auch hier Erwähnung finden.

Die Aufgabe von CSS sollte es sein, auf einer Webseite das Design so weit wie möglich vom Inhalt zu trennen. Dies hat den Vorteil, dass sie getrennt voneinander entwickelt werden können. Weiterhin wird eine getrennte Aktualisierung ermöglicht und der jeweilige Code überschaubarer. Als ein weiterer positiver Aspekt ist die Konsistenz zu nennen: Die einzelnen Elemente einer Seite werden vom Design her identisch dargestellt, die verschiedenen Seiten einer Homepage erhalten mit der Einbindung derselben CSS-Dateien ein ähnliches Aussehen, die Erwartungshaltung des Besuchers kann bestätigt und, falls gewünscht, ein Wiedererkennungseffekt auf andern Seiten erzeugt werden.

Unter Design werden hier alle Attribute verstanden, die sich auf die Auswahl des Zeichensatzes, der Größe, der Farbe, der Hintergrundfarbe und der Abstände von Elementen oder anderen Bestandteilen einer HTML-Seite beziehen.

Eine Möglichkeit, um CSS dynamisch in eine AJAX-Anwendung mit einzubeziehen, ist, während der Laufzeit unterschiedliche Stylesheets für die Webseite zu laden. Somit könnten beispielsweise nach der Initialisierung und nach der erfolgreichen Bearbeitung eines XMLHttpRequests unterschiedliche CSS-Dateien eingebunden werden, die somit für die Dauer der Verarbeitung anstelle des Mauszeigers eine Sanduhr und damit dem Benutzer die Aktivität anzeigen könnten.

Um die angesprochene Trennung von Darstellung und Inhalten zu ermöglichen, müssen soweit wie möglich alle style-Attribute, die sonst an ihrer entsprechenden Stelle direkt im HTML-Dokument platziert worden wären, in ein Textdokument mit der Endung „.css" ausgelagert werden. Ein Beispiel soll diesen Sachverhalt verdeutlichen:

Ohne Einsatz einer CSS-Datei wird die Farbe einer Überschrift folgendermaßen festgelegt:

```
<h1 style="color:blue"> Meine Überschrift
</h1>
```

In einer entsprechenden CSS-Datei sieht diese Information wie folgt aus:

```
h1 {color: blue; }
```

Bindet man nun diese CSS-Datei in ein HTML-Dokument ein, so werden alle darauf befindlichen Überschriften der Größe h1 blau dargestellt, und dem Erreichen der oben beschriebenen Vorteile steht nichts mehr im Wege.

Der Befehl zum Einbinden ist im „Header" des jeweiligen HTML-Dokumentes zu platzieren und lautet wie folgt:

```
<link rel="stylesheet" type="/css"
href="DateiName.css">
```

Für weiterführende Erläuterungen und CSS-Codebeispiele sei auf O'Reillys CSS Kochbuch [07] verwiesen.

3.2.4 Java Servlets

Der Begriff Servlet ist als eine Kombination der Wörter Server und Applet zu verstehen und steht insofern für eine kleine serverseitige Anwendung.

Das Servlet stellt in der Java-Welt eine komfortable Möglichkeit dar, eine Klasse über eine URL anzusprechen. Es bildet bei Bedarf die Ausgangsbasis für die serverseitige Verarbeitung und Beantwortung der Anfragen der Clients. Bei solchen Anfragen, die ein hohes Maß an Verarbeitungslogik erfordern, können aus dem Servlet heraus weitere sich auf dem Server befindende Java-Dateien aufgerufen werden.

Damit es aufgerufen werden kann, muss sich ein Servlet in einem dafür geeigneten Container, d. h. in einem für die Verarbeitung von Servlets ausgelegten Server, befinden. In diesem

Projekt wird hierfür der Apache Tomcat, ein Opensource-Web
Server verwendet [o05]. Beim ersten Zugriff initialisiert der
Container das Servlet in der Regel ein einziges Mal und benutzt diese Instanz danach weiter, auch wenn mehrfach gleich-
zeitig darauf zugegriffen wird.

Rein formell grenzt sich ein Servlet von einer normalen
Java-Klasse dadurch ab, dass es von der Klasse „HttpServlet"
erbt. Außerdem muss es mindestens eine der Operationen
„doGet" oder „doPost" implementieren, um auf eine entsprechende Anfrage des Browsers sinnvoll reagieren zu können. Für
eine solche Anfrage lässt sich die entsprechende URL wie folgt
darstellen:

```
http://localhost:8080/servlet/packageName.
servletName
```

„localhost" ist im Falle eines nicht lokal ausgeführten Systems durch den Servernamen und „8080" durch die jeweilige
Portnummer zu ersetzen.

Zur Realisierung einer get-Anfrage ist hinter die oben abge-
bildete URL ein ‚?' als Kennzeichnung sowie ein oder mehrere
Parameter mitsamt Bezeichnern zu hängen:

```
http://localhost:8080/servlet/packageName.
servletName?suchstring='text'
```

Als Ergebnis einer solchen Anfrage sollte im Falle von
AJAX ein XML-Dokument zurückgegeben werden. Wie bereits erwähnt, ist ebenfalls ein einfacher Text als Rückgabewert
möglich, bei einem höheren Umfang oder komplexeren Aufbau
der Rückgabedaten aber weniger zu empfehlen.

Zur Erzeugung des Ergebnisses wird in der entsprechenden doGet- oder doPost-Operation des Servlets ein „Writer"

initialisiert, der den gewünschten Text bzw. die gewünschte XML-Datei als Output erzeugt:

```
PrintWriter out = response.getWriter();
out.println("<AJAX-response>");
...
out.println("</AJAX-response>");
out.close();
```

Für weitergehende theoretische Informationen oder Code-beispiele sei an dieser Stelle auf O'Reillys Java Servlet Programmierung [06] verwiesen.

3.2.5 Zusammenhänge und Ziele

Das Ziel von AJAX ist es, Webseiten in ihren Möglichkeiten der Kommunikation näher an Desktop-Anwendungen heranrücken zu lassen. Nachdem in der Vergangenheit im Internet nach jeder Anfrage des Benutzers eine neue Seite vollständig geladen werden musste, ist es nun mit AJAX möglich, einen Request an den Server asynchron zur laufenden Verarbeitung zu schicken und mit den Ergebnissen nur den betroffenen Teil der Webseite zu aktualisieren.

Abbildung 3.5 veranschaulicht diesen Sachverhalt: Während bei der traditionellen Kommunikation der Benutzer nach jedem durch ihn angestoßenen Request untätitg warten musste, bis die jeweilige Seite mit den aktualisierten Inhalten neu übertragen und aufgebaut wurde, kann er bei AJAX-Anwendungen nun auch während der Verarbeitungs- bzw. Übertragungszeit auf der Webseite weiter agieren.

Dieses Verhalten kann wie folgt realisiert werden: Ausgangspunkt aller Aktivitäten bildet eine Aktion des Benutzers. Dies könnte unter anderem ein Bewegen oder Klicken der

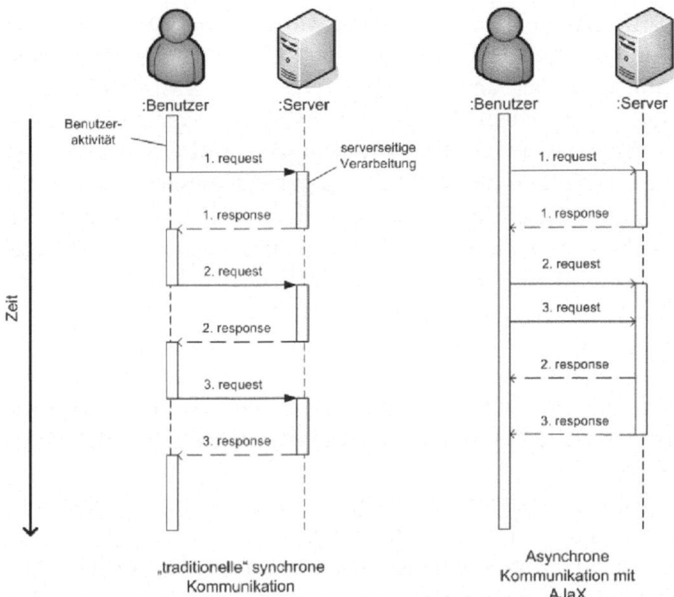

Abb. 3.5. Vergleich von traditioneller Client-Server-Kommunikation mit AJAX

Maus oder ein beliebiger Tastendruck sein, welches im Browser über JavaScript abgefangen werden kann.

Tritt ein solcher Fall ein, dann wird auf der Client-Seite ebenfalls mit JavaScript ein XMLHttpRequest erzeugt, über den mittels einer entsprechenden URL die Anfrage an den Server gesendet wird. Die für die darauf folgende Verarbeitung nötigen Informationen liegen hierbei in der URL, bzw. in den darin enthaltenen Parametern. Auf dem Server wird nun eine entsprechende Operation aufgerufen, die wiederum weitere Methodenaufrufe anderer Klassen beinhalten kann. Die hierfür nötigen Dateien befinden sich ebenfalls auf dem Server.

Als Ergebnis der Verarbeitung wird ein XML-Dokument oder im einfachsten Fall lediglich eine Zeichenkette an den Client zurückgesendet und im zuvor erzeugten XMLHttpRequest-Objekt gespeichert. Im Falle eines XML-Dokumentes können die Ergebnisse über das Document Object Model (DOM) ausgelesen und auf der Webseite dargestellt werden, von der aus auch der Aufruf des Requests erfolgt ist. Hierbei sollte jedoch beachtet werden, dass der im XML-Dokument festgelegte Zeichensatz eingehalten wird. Fehlt eine solche Angabe, so sind generell Sonderzeichen und Umlaute zu vermeiden.

Weitere Alternativen einer Rückgabe können in jeder Form von strukturiertem Text gesehen werden. So stellen beispielsweise die JavaScript Object Notation (JSON) oder der reStructured Text (reST) weitere in der Praxis eingesetzte Möglichkeiten dar.

Falls eine simple Zeichenkette ohne weitere Struktur zurückgegeben wird, kann diese über die zur Verfügung stehenden Java-Script-Funktionen ausgewertet werden, so dass eine sinnvolle Anzeige der Ergebnisse möglich ist. Diese abschließende Präsentation erfolgt in jedem Fall durch das Auffinden und Verändern der entsprechenden Stelle im HTML-Dokument, welches ebenfalls über DOM-Scripting realisiert wird.

Die grafische Gestaltung der Seite wird nach wie vor über CSS-Attribute bestimmt.

Von all diesen Vorgängen ist der Benutzer in seiner Aktivität nicht betroffen, mit Ausnahme der Anzeige der Ergebnisse. Er kann ungehindert weiter auf der Webseite agieren und eventuell mit einer entsprechenden Aktion, beispielsweise dem Verlassen der Seite oder einem überlagernden Funktionsaufruf die oben beschriebene Prozedur abbrechen, ohne zu wissen, dass er sie angestoßen hatte.

Abbildung 3.6 verdeutlicht diese Zusammenhänge. Hierbei wird als eine Möglichkeit der serverseitigen Verarbeitung ein Servlet dargestellt. In einem solchen Fall bildet wiederum der

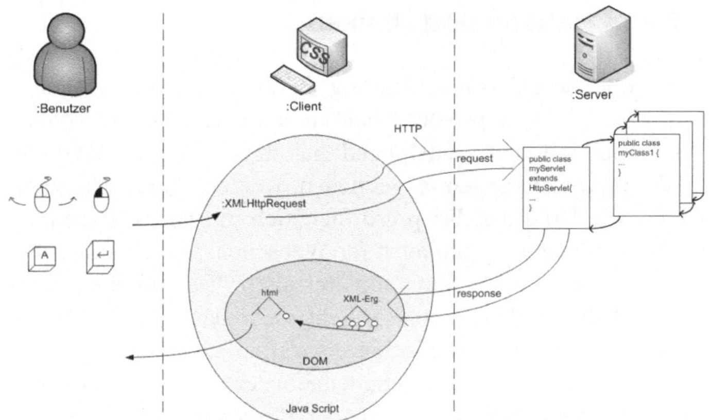

Abb. 3.6. AJAX-Technologien im Zusammenhang

Apache Tomcat eine Möglichkeit, eine geeignete Laufzeitumgebung bereitzustellen.

Zur Vereinfachung der Programmierung stehen im Internet zahlreiche Frameworks zur Verfügung. Im Abschn. 3.2.7 wird hierfür die Java-Script-Bibliothek Prototype verwendet, die eine bewährte Basiskomponente darstellt und auch in viele weitere Frameworks integriert wurde.

Bei der Entwicklung mit AJAX sowie bei einem späteren Einsatz kann der Browsercache äußerst hinderlich sein: Wird ein identischer Request ein zweites oder vielfaches Mal an den Server gesendet, werden seine Ergebnisse von dem jeweils verwendeten Browser häufig sofort in den Zwischenspeicher geschrieben. Somit soll standardgemäß die Kommunikation beschleunigt werden. Sollten sich die Ergebnisse der Anfrage allerdings jedes Mal unterscheiden, so ist dieses Caching zu verhindern. Dies ist beispielsweise bei einem Einsatz von Java-Servlets durch folgenden Befehl möglich:

```
response.setHeader("Cache-Control","no-
cache");
```

3.2.6 Chancen und Risiken

Der große Vorteil von AJAX liegt in der möglichen asynchronen Kommunikation von Client und Server. Somit können Web-Applikationen zunehmend in ihrer Funktionalität an Desktop-Anwendungen angeglichen werden. Neue Möglichkeiten wie Drag and Drop eröffnen sich mit der Verwendung von DOM-Scripting nun auch für Webseiten. Die Kommunikation kann wesentlich feingranularer als bisher aufgebaut werden und der Endnutzer muss nicht mehr nach jeder Anfrage untätig auf die Antwort des Servers warten.

Auch lassen sich für den Seitenanbieter neue Möglichkeiten der Auswertung des Verhaltens der Besucher seiner Webseite erschließen. So können nicht nur wie bisher die Anzahl der Aufrufe einer Seite sowie die vom Benutzer explizit bestätigten Eingaben gespeichert werden, sondern bei Bedarf auch sämtliche andere getätigte Aktionen.

Doch wo Licht ist, da ist bekanntermaßen auch Schatten. Die aus der Nutzung von AJAX resultierenden Nachteile und Risiken mögen zwar auf den ersten Blick nicht so auffällig sein wie die Vorteile, trotzdem sollten sie bei der Entscheidung einer Umstrukturierung oder Gestaltung einer Webseite nicht unberücksichtig bleiben:

Der durchschnittliche Internetnutzer von heute ist an die bisher bestehenden Standards gewöhnt. Eine neue Gestaltung der Funktionen ohne weitere Wartezeiten könnte zuerst einmal zu Verwirrung führen. Das gleiche trifft insbesondere auf die Benutzung des „Zurück-Buttons" im Browser zu: Durch eine Betätigung dieser Funktion wird auf den meisten Webseiten die zuletzt getätigte Aktion rückgängig gemacht, indem die zuletzt besuchte Seite aufgerufen wird. Sollte die aktuelle Seite jedoch über asynchrone Kommunikation nur neu gestaltet worden sein, könnte ein Wechsel auf die zuletzt besuchte Seite nicht den Absichten des Nutzers entsprechen.

Des Weiteren sollte bei der Planung eine deutlich erhöhte Client- und auch Serverbelastung berücksichtigt werden: Durch den Einsatz von AJAX werden automatisch mehr Anfragen an den Server gestellt, der diese verarbeiten muss und somit einer erheblichen Mehrbelastung im Vergleich zu klassischen Web-Anwendungen ausgesetzt ist. Der Client hingegen muss die Requests erzeugen und die erhaltenen Ergebnisse anzeigen, wofür er deutlich mehr JavaScript als bisher ausführen muss. Die Hardware-Anforderungen steigen also auf beiden Seiten.

Prinzipiell ist bei der Entwicklung mit AJAX Vorsicht geboten: Sämtliche wichtige Funktionen sollten auch ohne Anwendung von asynchroner Kommunikation durchführbar sein. Zwar unterstützen die meisten aktuellen Browser alle benötigten Technologien, doch sollte man sich nie darauf verlassen, dass alle Internetbenutzer ihre Software auf einem auch nur annähernd aktuellen Stand haben. Ebenso wäre es möglich, dass einzelne User die Ausführung von JavaScript in ihrem Browser blockiert haben. Diesen wäre somit unter Umständen der Zugriff auf komplette Bereiche einer Webseite versperrt. Der Einsatz von Standardtechnologie mag für den Endnutzer vielleicht weniger komfortabel und für den Entwickler weniger attraktiv erscheinen, doch ist er aus den oben beschriebenen Gründen nach wie vor als notwendig anzusehen.

Zusammenfassend lässt sich sagen, dass der Einsatz von AJAX, wie bei jeder anderen Technologie, trotz der herrschenden Euphorie kritisch betrachtet werden sollte. Bei einem Überwiegen der Vorteile sollte sich der unerfahrene Entwickler jedoch nicht von der unübersichtlichen Auswahl der Frameworks oder der schwierigen Auswahl von für sich geeigneter Literatur abschrecken lassen.

3.2.7 AJAX mit Prototype

Prototype ist eine frei erhältliche Java-Script-Bibilothek [o31], die mittlerweile in zahlreiche andere Frameworks mit Eingang gefunden hat und eine solide Basiskomponente für AJAX-Entwicklungen darstellt: Sie bietet mit ihren verschiedenen Funktionen für den Entwickler zahlreiche Möglichkeiten, den zu schreibenden Code bei der Implementierung einer AJAX-Anwendung zu reduzieren. Dies spart direkt Zeit bei der Entwicklung und bei der Fehlersuche und erhöht insgesamt die Lesbarkeit des Quelltexts.

3.2.7.1 Einführung in das Framework

Die Funktionen, die für die Erstellung des Prototyps mit diesem Framework relevant sind, werden im Folgenden vorgestellt:

```
Ajax.Request( url, { method: 'get',
parameters:
'paramname=text', onComplete: showResponse })
```

Diese Funktion erzeugt und versendet einen Browser-unabhängigen XMLHttpRequest und ruft nach abgeschlossener serverseitiger Verarbeitung eine Funktion auf, die die Anzeige realisiert. Im abgedruckten Fall trägt diese Funktion den Namen „showResponse". Wollte ein Programmierer die damit erreichte Funktionalität selbst implementieren, so müsste er wesentlich mehr Quelltext schreiben, allein um die verschiedenen benutzten Browser abzufragen, die teilweise entsprechende Java-Script-Befehle unterschiedlich interpretieren und demzufolge auch unterschiedlich angesprochen werden müssen.

Die „url" gibt hierbei die Adresse der aufzurufenden Java-Datei an, mit dem Attribut „method" wird die Methode des Aufrufes spezifiziert: Neben „get" wäre „post" hierbei eine weitere Alternative. Über „parameters" werden die für die aufzurufende Funktion benötigten Parameter inklusive eines Bezeichners spezifiziert. Neben „onComplete" ergeben sich weitere Möglichkeiten von Funktionsaufrufen aus den unterschiedlichen Phasen, die ein XMLHttpRequest annehmen kann:

- onLoading,
- onLoaded und
- onInteractive.

Ebenfalls sinnvoll einzusetzen sind bei nahezu jeder AJAX-Anwendung die Befehle

```
$('MeineID') und
$F('MeineID'),
```

die folgendes DOM-Scripting zum Aufruf von Elementen einer Webseite bzw. dem Auslesen ihrer Inhalte ersetzen:

```
document.getElementById('MeineID') bzw.
Form.Element.getValue('MeineID')
```

Insgesamt muss der Entwickler beim Einsatz von Prototype zwar immer noch die Prinzipien von AJAX verstanden haben und auch Schritt für Schritt realisieren, wird aber dabei durch das Framework weitestgehend unterstützt. Der folgende Abschnitt wird die Funktionsweise anhand eines praktischen Beispiels noch einmal verdeutlichen.

3.2.7.2 Praktisches AJAX-Beispiel mit Prototype

Als erstes Beispiel zum Einsatz von AJAX soll eine kleine Webseite gezeigt werden, deren einzige Funktio darin besteht, dass sie nach einer Eingabe von fünf Ziffern in ein Textfeld sofort den Namen der Stadt in ein anderes Textfeld einfügt, deren Postleitzahl mit der getätigten Eingabe übereinstimmt.

Zuerst muss verständlicherweise die Datei prototype.js heruntergeladen und in die HTML-Seite über den in Abschn. 3.1.1 vorgestellten Befehl eingebunden werden. Der restliche benötigte HTML-Code ist vergleichsweise simpel. Er besteht im Wesentlichen aus den zwei Textfeldern „plz" und „ort", die über eine eindeutige ID angesprochen werden können:

```
<body>
  PLZ: <input id="plz" onkeyup=suche(); />
  <br/>
  Ort: <input id="ort" />
</body>
```

Nach jeder im Textfeld „plz" getätigten Eingabe wird dadurch die Java-Script-Funktion „suche" aufgerufen:

```
function suche(){
  if($('plz').value.length==5){
    var params = 'plz='+$F('plz');
    var url =
    'http://localhost:8080/servlet/
    AJAX.MyServlet';
    //Erzeugen und Senden des Requests mit
    //Prototype + Aufruf nach vollendeter
    //Bearbeitung:
    var myAJAX = new AJAX.Request( url, {
    method: 'get', parameters: params,
    onComplete: anzeige });
  }
}
```

In diesem Fall wird für die serverseitige Ausführung ein im gleichen Tomcat-Projekt liegendes Servlet angesprochen, das sich im Paket „AJAX" befindet und den Namen „myServlet" trägt. Der Quelltext dieser Klasse wird in Anhang C gezeigt. Der Request wird jedoch erst gestartet, wenn auch wirklich fünf Zeichen eingegeben wurden, da ansonsten kein positiver Treffer zu erwarten ist und somit nur Ressourcen verschwendet würden. Um die Verarbeitung im Servlet zu ermöglichen, wird der Inhalt des Textfeldes „plz" in einer gleichnamigen Variablen in einem Get-Request mit übergeben.

Nach erfolgter Abarbeitung dieser Funktion und somit abgeschlossener serverseitiger Verarbeitung wird die Funktion „anzeige" aufgerufen:

```
function anzeige(originalRequest){
    $('ort').value =
    originalRequest.responseText;
}
```

In diesem Fall besteht der zurückgegebene Text lediglich aus dem gefundenen Ortsnamen bzw. gegebenenfalls aus einer kurzen Fehlermeldung. Von daher ist der einzig verbleibende Schritt an dieser Stelle, die Zeichenkette aus dem übergebenen Response auszulesen und im Textfeld „ort" anzuzeigen.

Sollte es sich bei der Rückgabe um ein XML-Dokument handeln, so ist es sinnvoll, es über das Attribut „responseXML" anzusprechen. Auf diese Weise können die DOM-Operationen direkt darauf angewendet werden.

Abbildung 3.7 veranschaulicht die beschriebenen Informationsflüsse noch einmal.

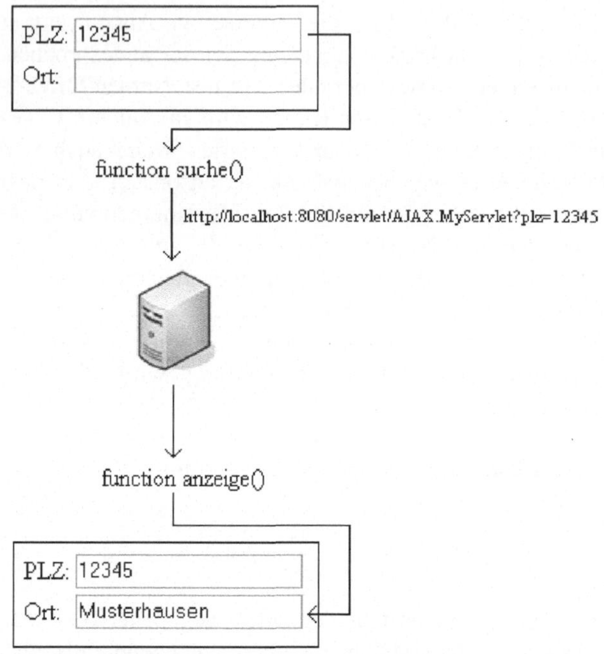

Abb. 3.7. Ablauf des AJAX-Beispiels

3.2.8 Aufgabe

Erstellen Sie eine Weboberfläche für ein Lexikon. Diese soll
für einige frei wählbare deutsche Wörter vom Server die engli-
schen und französischen Übersetzungen erfragen und ohne
erneuten Seitenaufbau anzeigen. Verwenden Sie hierfür eine
Textarea.

Falls Sie bereits über entsprechende DOM-Kenntnisse verfügen, lassen Sie alternativ dazu ein XML-Dokument vom
Server zurückgeben, lesen Sie die einzelnen Bestandteile heraus und füllen Sie einzelne Textfelder damit.

3.3 RSS

Eine Auflösung des Akronyms RSS ist nicht eindeutig möglich. Je nach Interpretation bzw. Version steht es für RDF[8] Site Summary, Really Simple Syndication oder Rich Site Summary. Die aktuellste Version ist unter dem Namen „Atom" bekannt und versucht, die Vorteile aller bisherigen Versionen zu vereinen und einen neuen Standard zu bilden.

3.3.1 Zweck und Einsatz von RSS

Mit Hilfe von RSS ist es nicht mehr nötig, dass ein Benutzer in regelmäßigen Abständen eine sich häufig verändernde Webseite besucht, um nach Neuigkeiten zu suchen. Er muss sich lediglich für einen entsprechenden Dienst registrieren, wenn dieser vom Seitenbetreiber zur Verfügung gestellt wird. Daraufhin benachrichtigt ihn sein RSS-Reader über alle Neuigkeiten, sobald diese auf dem Server der Webseite als solche abgespeichert wurden.

Abonnierbare Inhalte sind in der Regel auf der Webseite entsprechend gekennzeichnet. Abbildung 3.8 zeigt ein für diesen Zweck eingesetztes, in der Praxis weit verbreitetes Icon. Über einen Klick auf dieses Symbol kann der benötigte Link ermittelt und dem verwendeten RSS-Reader zur Verfügung gestellt werden. Dieser lädt daraufhin sämtliche abonnierte Informationen auf den jeweiligen Rechner und kann somit den Benutzer zeitnah über Neuigkeiten informieren.

Der Betreiber einer Internetseite hingegen muss für diesen Service verstärkt tätig werden: Nach einer Aktualisierung seiner Seite muss er zusätzlich eine entsprechende XML-Datei anpassen, damit die Veränderungen den Abonnenten übermittelt

---

[8] Resource Description Framework

Abb. 3.8. Verbreitetes RSS-Icon

werden können. Diese Daten werden auch RSS-Feed genannt, und müssen einem fest vorgegebenen Schema genügen, wobei das Schema von der jeweils eingesetzten RSS-Version abhängig ist. Durch diesen Zusammenhang lässt sich erklären, warum auf manchen Seiten nicht das oben gezeigte Icon, sondern ein weißes „XML" auf orangefarbigem Grund zur Kennzeichnung abonnierbarer Inhalte verwendet wird.

Die wichtigsten Inhalte eines RSS-Feeds sind

- ein Titel,
- eine kurze Beschreibung der Inhalte und
- ein Link zu den betreffenden Informationen auf der Webseite.

Ein RSS-Feed enthält keine Layout-Informationen oder andere als die explizit eingefügten Daten, so dass er kurz und sachlich über aktuelle Inhalte informiert, ohne dass der Nutzer auf den jeweiligen Internetseiten lange nach ihnen suchen muss.

Das Erzeugen eines solchen Feeds kann entweder manuell geschehen oder durch die Unterstützung eines gegebenenfalls verwendeten Content Management Systems. Beim ersten Anlegen muss die XML-Datei nur noch mit der entsprechenden HTML-Seite über einen Eintrag im Quelltext verlinkt werden und kann daraufhin von den RSS-Readern der registrierten Benutzer auf deren Computer geladen werden. Diese können mit Hilfe entsprechender Software anschließend die Inhalte

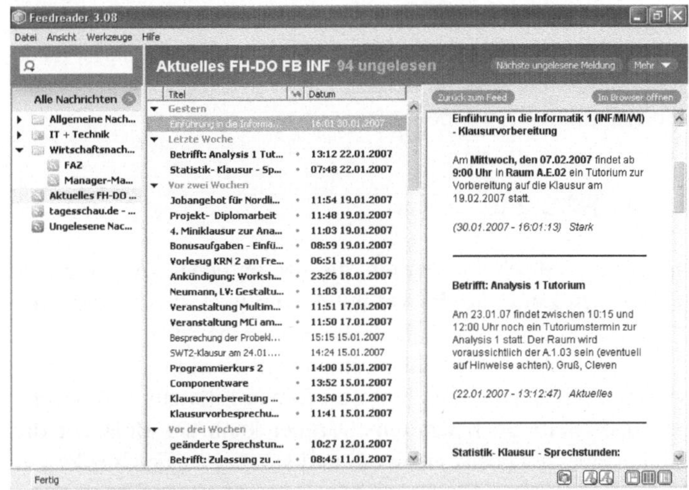

Abb. 3.9. Anzeige von RSS-Feeds in einem Feedreader

auch dann betrachten, wenn der jeweilige Rechner nicht mehr mit dem Internet verbunden ist. Wie das Ergebnis dieses Vorgangs in einem RSS-Reader aussehen kann, zeigt Abb. 3.9. Die grafische Darstellung der Daten hängt von der jeweils verwendeten Software ab. In diesem Fall werden links im Bild sämtliche abonnierte Links angezeigt, in der Mitte die Titel der einzelnen Feeds mit ihrem jeweiligen Erscheinungsdatum und rechts die durch die URL ermittelte Webseite mit den detaillierten Inhalten.

Da ein nach einer Aktualisierung erzeugter RSS-Feed standardisiert ist, liegt er auch in maschinenlesbarer Form vor. Somit können Neuigkeiten also nicht nur von Benutzern gelesen werden, sondern auch automatisch verarbeitet und beispielsweise auf der eigenen Internetseite angezeigt werden.

RSS hat keinen Einfluss auf die direkt auf einer Webseite zur Verfügung gestellten Services. Dadurch, dass jedoch das

Angebot eines Abonnements von Inhalten das Surfverhalten der betroffenen Internetnutzer maßgeblich beeinflusst, ist diese Technologie im Zusammenhang mit Web 2.0 als weiterer relevanter Punkt zu erwähnen.

3.3.2 RSS 2.0

In diesem Abschnitt werden die wesentlichen Aspekte des praktischen Einsatzes der vermutlich am weitesten verbreiteten Version von RSS näher erläutert: der Version 2.0.

Die einfachste Möglichkeit einen RSS-Feed in eine Internetseite mit einzubinden, ist einen einfachen Link zur XML-Datei auf einer Seite zu platzieren. Darüber kann der Benutzer die Pfadangabe des Feeds ermitteln und sie seinem Feedreader zur Verfügung stellen. Eleganter ist es jedoch, einen entsprechenden Befehl im „head" der jeweiligen HTML-Seite mit einzubinden. Dieser lautet:

```
<link rel="alternate"
type="application/rss+xml" title="RSS"
href="http://absolute/pfad/angabe.xml" />
```

Damit wird zum einen das vorgestellte RSS-Icon als Link in der Navigationsleiste des Browsers angezeigt, über den dem Benutzer die verschiedenen Möglichkeiten aufgeführt werden, diese Webseite zu abonnieren. Zum anderen kann der jeweils verwendete RSS-Reader die Datei bei Angabe des übergeordneten Verzeichnisses selbstständig auffinden.

Zur Einleitung eines jeden RSS- bzw. XML-Dokuments müssen die folgenden Angaben getätigt werden:

```
<?xml version='1.0'?>
  <rss version='2.0'>
    <channel>
```

Steht der Feed noch inhaltslos dar, so sind drei Angaben Pflicht:

```
<title> ein übergeordneter Titel des RSS-
Feeds </title>
<link> der Link der Webseite auf den sich der
Feed bezieht </link>
<description> eine nähere Beschreibung
</description>
```

Ansonsten können beliebig viele <item> ... </item> aneinander gereiht werden, die von den Feedreadern jeweils als getrennte Einträge interpretiert werden. In diesen ist zumindest eine der folgenden zwei Angaben Pflicht:

```
<title> Titel des Eintrages </title>
<description> nähere Beschreibung des
Eintrages </description>
```

Optional, aber durchaus sinnvoll, ist die Angabe eines Links, unter dem der beschriebene Eintrag zu finden ist:

```
<link> http://absolute/pfad/angabe.html
</link>
```

Um die Validität des XML-Dokumentes gewährleisten zu können ist es mit der folgenden Zeile abzuschließen:

```
</channel> </rss>
```

Neben den aufgeführten Tags sind noch einige weitere zusätzlich möglich, die aber für einen erfolgreichen Einsatz von RSS nicht zwingend nötig sind. Eine vollständige Beschreibung des Aufbaus eines einwandfreien RSS 2.0-Dokuments lässt sich leicht im Internet in Form einer DTD[9] finden [o42].

---

[9] Document Type Definition, formale Sprache zur Beschreibung des Aufbaus eines XML-Dokuments

3.3.3 Aufgabe

Legen Sie einen neuen Ordner im Tomcat-Webapps-Verzeichnis mit dem Namen RSS an. Verknüpfen Sie eine anzulegende index.html mit einem neuen RSS-Dokument. Abonnieren Sie daraufhin diese Webseite mit einem Feedreader Ihrer Wahl, zum Beispiel Feedrader von http://www.feedreader.com/. Legen Sie nun eine zweite HTML-Datei im gleichen Verzeichnis an und machen Sie diese über einen Eintrag im RSS-Dokument inklusive des Links bekannt. Überprüfen Sie das Ergebnis anschließend in Ihrem Feedreader.

3.4 Web Services

Unter Web Services sind Anwendungen zu verstehen, die über ein Internetprotokoll von anderen Anwendungen aufgerufen werden können. Hierfür muss die aufzurufende Routine über eine eindeutige URI identifizierbar sein. Es handelt sich also um eine Form der Kommunikation von Maschine zu Maschine, wobei dem Benutzer die Rolle des Anstoßens zukommen kann. Im Regelfall handelt es sich jedoch um automatisierte Vorgänge.

3.4.1 Funktionsweise und Ziele

Im Zusammenhang mit komplizierteren Web Services werden die folgenden Spezifikationen benötigt:

- SOAP, das Simple Object Access Protocol, welches das bei Web Services verwendete XML-basierte Nachrichtenformat beschreibt,
- WSDL, die Web Services Description Language, die dazu dient, Web Services in einem fest definierten XML-Schema zu beschreiben, und

- UDDI, die Universal Description, Discovery and Integration, um einen Verzeichnisdienst realisieren zu können. Dieser dient dazu, dass andere Anwendungen den gewünschten Dienst im World Wide Web finden können. Ein solcher Dienst ist allerdings nicht zwingend notwendig für die Realisierung und Benutzung von Web Services, wenn der jeweilige Speicherort schon bekannt ist.

Alternativ zu SOAP existieren noch weitere Protokolle für den Nachrichtenaustausch. Häufig wird in diesem Zusammenhang der Representational State Transfer (REST) genannt. Im Folgenden wird der Einfachheit halber und aufgrund der stärkeren praktischen Bedeutung jedoch nur auf SOAP Bezug genommen.

Im Detail muss ein Programmierer, der seinen Dienst als Web Service anbieten möchte, eine entsprechende Beschreibung mittels WSDL erstellen und in einem UDDI-basierten Verzeichnisdienst publizieren. In Abb. 3.10 wird dieser Vorgang als Schritt „1" gekennzeichnet.

Spricht eine dienstsuchende Anwendung dieses Verzeichnis über ihre SOAP-Schnittstelle an, wird die entsprechende URI als Referenz auf das WSDL-Dokument zurückgeliefert. Diese Kommunikation entspricht den in der Abb. 3.10 mit „2" und „3" gekennzeichneten Abläufen.

Ist diese URI schon vorher bekannt, so ist das Benutzen eines Verzeichnisdienstes nicht erforderlich und die Abfrage startet sofort mit den in Abb. 3.10 dargestellten Schritten „4" und „5". Hierbei wird zunächst das WSDL-Dokument vom Dienstanbieter angefordert, woraus anschließend Programmteile erzeugt werden können. Mit diesen ist das dienstnutzende Programm im letzten Schritt in der Lage, mit der gewünschten Anwendung mittels SOAP zu kommunizieren.

Somit werden über das HTTP in diesem Fall keine Webseiten in Form von HTML verschickt, sondern XML-Dokumente.

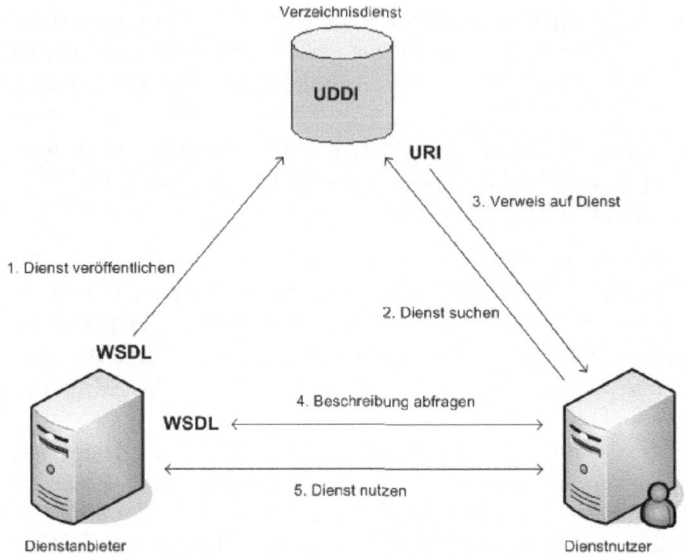

Abb. 3.10. Publizieren und Benutzen von Web Services

Diese müssen verständlicherweise jeweils erst einmal ausgelesen werden, bevor die damit verbundene Anzeige oder Verarbeitung realisiert werden kann.

Für Webentwickler, die sich nicht mit den Details um SOAP auseinandersetzen wollen, existieren einige Frameworks. Im folgenden Abschnitt wird mit Apache Axis eines der populärsten vorgestellt.

Der Zusammenhang von Web Services mit Web 2.0 liegt offensichtlich darin, dass mit Hilfe von Web Services mehr Funktionen auf einer Internetseite angeboten werden können, die teilweise auch von fremden Anbietern stammen. Ein oft genanntes Beispiel in diesem Zusammenhang ist der Web Service der Suchmaschine Google. Dessen Funktionen kann somit jeder Betreiber in seine Internetseite mit einbinden und so von den ausgereiften Such- und Rankingalgorithmen profitieren.

Eine weitere Möglichkeit der Nutzung liegt darin, dass mit Web Services auch Desktop-Applikationen Funktionen nutzen können, die nicht auf dem eigenen Rechner, sondern im Internet zur Verfügung gestellt werden. Über die Standards WSDL und SOAP kann diese Anbindung sprach- und plattformunabhängig erfolgen. Entsprechend gewinnt das Medium Internet auch in diesem Bereich immer weiter an Bedeutung.

Durch die enorme Popularität des Konzeptes der Service-Orientierten Architekturen (SOA) haben in der Vergangenheit auch Web Services einen zusätzlichen Aufschwung erlebt. Die wesentlichen Kriterien der technischen Sicht von SOA werden durch Web Services erfüllt:

- Es existieren einzelne, voneinander unabhängige Komponenten bzw. Web Services, die somit auch unabhängig voneinander wieder verwendet werden können;
- diese verfügen über eine standardisierte Schnittstelle und
- sie werden durch das Web miteinander verbunden, wodurch eine lose Kopplung entsteht und sie auch im Zusammenhang miteinander aufgerufen werden können.

3.4.2 Web Services mit Apache Axis

Apache Axis ist ein Opensource-Framework, das bei der Arbeit mit Web Services dem Entwickler einige Arbeit abnehmen kann. Unter der Webseite http://ws.apache.org/axis kann neben einer Java- auch eine C++-Implementierung heruntergeladen werden. Die folgenden Ausführungen beziehen sich allerdings ausschließlich auf die Java-Version.

3.4.2.1 *Einführung in das Framework*

Das Framework bietet im Wesentlichen SOAP-Unterstützung für die Client- und Serverseite bei Web Services, für Gateways und Ähnliches. Daneben wird unter anderem auch die Problematik um die WSDL abgedeckt: So kann sich der Entwickler zu einem Web Service das entsprechende WSDL-Dokument, aber auch zu einem vorhandenen WSDL-Dokument die entsprechende Java Klassen generieren lassen.

Im Gegensatz zu vorherigen Versionen des Frameworks wird mittlerweile ein SAX-Parser verwendet, um die XML-Dateien auszulesen. Im Vergleich mit dem Einsatz von DOM konnte hierdurch eine deutliche Steigerung in der Verarbeitungsgeschwindigkeit erzielt werden.

Einfachste Anwendungen können anstatt in Form einer Java-Datei mit der Endung „.jws" für Java Web Service abgespeichert werden. Abgesehen von der Endung sollte die Datei allerdings einer normalen Java-Klasse entsprechen. Im Gegensatz zu komplexeren Anwendungen wird hierbei direkt der Quelltext und nicht wie ansonsten eine kompilierte Class-Datei ausgeliefert bzw. verteilt. Anschließend kann diese Datei dank des Frameworks einfach über einen Get-Request angesprochen werden.

Über den Aufruf

http://localhost:8080/axis/Klassenname.jws?wsdl

im Browser kann man sich die dazugehörige WSDL-Beschreibung generieren bzw. anzeigen lassen.

Soll eine Operation der Klasse aufgerufen werden, so erfolgt dies über folgende Anfrage:

http://localhost:8080/axis/Klassenname.jws?method=
Methodenname&Übergabeparameter-Name=Wert

Ist gegebenenfalls der Quelltext der einzusetzenden Klasse nicht bekannt, sondern nur die bereits kompilierte Class-Datei oder einige weitere Einstellungsmöglichkeiten bezüglich des Deployments sollen genutzt oder die zu verwendenden Methoden der Klasse eingeschränkt werden, so ist der Einsatz des Axis Web Service Deployment Descriptors (WSDD) sinnvoll. Dieser wird durch eine zusätzlich anzulegende XML-Datei umgesetzt.

Weitere Einzelheiten bezüglich der Implementierung bzw. des Deployments können den im folgenden Abschnitt vorgestellten Beispielen entnommen werden.

3.4.2.2 Praktisches Beispiel eines Web Services mit Apache Axis

Bevor die Funktionen des Frameworks erfolgreich genutzt werden können, müssen einige Voraussetzungen geschaffen werden: Zunächst einmal sind eine erfolgreich installierte Java-Version in Form eines JDK sowie eine entsprechende Laufzeitumgebung erforderlich (vgl. Anhang B).

Anschließend ist eine Version des Frameworks herunterzuladen, beispielsweise in der Form der „axis-bin-1_4.zip". Dieser ist der Ordner „webapps/axis" zu entnehmen und im einfachsten Fall in das entsprechende Verzeichnis des Tomcat einzufügen.

Danach kann über die URL

http://localhost:8080/axis/happyaxis.jsp

das Framework auf mögliche Fehlermeldungen geprüft werden. Sollte unter „Needed Components" eine Error-Meldung erscheinen, so ist es sinnvoll, dem dort angezeigten Link zu folgen. Hier kann dann das zusätzlich benötigte jar-Archiv herunterladen werden, um es anschließend in das /webapps/axis/WEB-INF/lib Verzeichnis des Tomcat-Projekts zu kopieren. Gegebenenfalls muss der Server anschließend neu gestartet werden.

Wie bereits oben beschrieben gibt es mit Axis mehrere Möglichkeiten, einen Web Service bereit zu stellen. Als erstes Beispiel soll eine simple Java-Klasse dienen, die die gleiche Logik umsetzt, wie das Servlet aus dem in Abschn. 3.2.7.2 vorgestellten AJAX-Beispiel: Auf die Eingabe einer Postleitzahl soll der dazugehörige Ortsname ausgegeben werden. Dafür ist die Java-Klasse „MyWebService.jws" im Ordner „axis" abzuspeichern:

```
public class MyWebService{
public static String ortPerPLZ(String plz){
  int i = Integer.parseInt(plz);
  switch(i){
    case 12345: return "Musterstadt";
    case 44579: return "Castrop-Rauxel";
    // usw.
    default: return "keine Stadt vorhanden";
  }
}}
```

Die Funktion „ortPerPLZ" kann nun über die folgende URL aufgerufen werden:

http://localhost:8080/axis/MyWebService.jws?method=ortPerPLZ&plz=12345

Das Ergebnis wird vom Framework in einem XML-Dokument zurückgeliefert. Die Kommunikation über SOAP erfolgt automatisch. Für einen in der Praxis eingesetzten Web Service müsste dieses XML-Dokument entsprechend ausgelesen oder formatiert werden, um eine geeignete Anzeige zu realisieren. Doch hat dieses Problem an sich nichts mehr mit der Funktionalität von Web Services zu tun und wird demzufolge hier nicht weiter thematisiert.

Das dem Quelltext entsprechende WSDL-Dokument kann wie beschrieben über die folgende URL abgefragt werden:

http://localhost:8080/axis/MyWebService.jws?wsdl

Für detailliertere Einstellungsmöglichkeiten bezüglich der Bereitstellung des Services ist eine WSDD-Datei anzulegen. Diese kann beipspielsweise als „deploy.wsdd" unterhalb des WEB-INF-Ordners abgespeichert werden und wie folgt aussehen:

```xml
<deployment
xmlns="http://xml.apache.org/axis/wsdd/"
xmlns:java="http://xml.apache.org/axis/wsdd/
providers/java">
  <service name="MyWebService"
  provider="java:RPC">
    <parameter name="className"
      value="myPackage.MyWebService"/>
    <parameter name="allowedMethods"
      value="*"/>
  </service>
</deployment>
```

Die mit „xmlns" deklarierten Namensräume sind für das Verständnis der Datei erst einmal irrelevant.

Der jeweilige Service wird im gleichnamigen Attribut bekannt gemacht. Über das Attribut „provider" wird in diesem Fall festgelegt, dass der Funktionsaufruf über einen Java Remote Procedure Call erfolgt. Dieser wird vom Framework in der Klasse „org.apache.axis.providers.java.RPCProvider" gehandhabt. Eine weitere Möglichkeit wäre beispielsweise eine rein nachrichtenbasierte Kommunikation.

Die erste „parameter"-Angabe bezieht sich auf den Klassennamen, der inklusive des Paketnamens anzugeben ist. Durch die zweite Angabe wird festgelegt, welche Operationen der

Klasse über den Web Service aufgerufen werden dürfen. Durch die Angabe des ‚*' gilt dies in diesem Fall für alle als „public" gekennzeichneten Methoden.

Weitere Einstellungsmöglichkeiten sind im Tutorial des Anbieters unter http://ws.apache.org/axis/java/user-guide.html zu finden.

Beim Einsatz von WSDD-Dateien genügt jedoch nicht eine einfache „.jws"-Datei. Der oben vorgestellte Quelltext muss als normale Java-Datei im Verzeichnis „/WEBINF/src/myPackage" abgespeichert und nach „/WEB-INF/classes/myPackage" kompiliert werden.[10] Entsprechend ist in der Java-Klasse auch eine package-Anweisung zu ergänzen:

```
package myPackage;
public class MyWebService{...}
```

Bei laufendem Tomcat sind nun die einzelnen, im Framework enthaltenen Bibliotheken über den Classpath bekanntzumachen, damit der gewünschte Web Service auch erzeugt werden kann. Hierfür ist im DOS-Eingabefenster zum Ordner /webapps/axis/WEB-INF zu navigieren, um folgenden Befehl einzutragen:

```
set
CLASSPATH=.;lib/activation.jar;lib/axis.jar;
lib/axis-ant.jar;lib/commons-discovery-
0.2.jar;lib/commons-logging-
1.0.4.jar;lib/jaxrpc.jar;lib/log4j-
1.2.8.jar;lib/mail.jar;lib/saaj.jar;lib/
wsdl4j-1.5.1.jar
```

---

[10] Ohne Entwicklungsumgebung ist dieses über den Befehl javac -d classes src/mypackage/MyWebService.java in der DOS-Eingabe möglich. Bevor dieser eingegeben werden kann, ist zuvor zum Ordner \webapps\axis\WEB-INF zu navigieren.

Dieses ist jedoch nur vor dem ersten Deployment notwendig.[11] Da die Namen der einzelnen JAR-Archive unglücklicherweise bei unterschiedlichen Axis-Versionen auch unterschiedlich sind, ist vorher zu überprüfen, ob die oben gezeigten Bezeichner mit den jeweils vorhandenen Dateinamen unter \webapps\axis\WEB-INF\lib übereinstimmen.

Damit der Web Service nun auch vom Framework bereitgestellt wird und somit über SOAP ansprechbar ist, muss noch die Klasse „org.apache.axis.client.AdminClient" angesprochen und ihr der Name der WSDD-Datei übergeben werden. Dies kann wiederum im Eingabefenster über folgenden Befehl erfolgen:

```
java org.apache.axis.client.AdminClient
deploy.wsdd
```

Anschließend kann der Service beispielsweise über folgende Befehle im Browser angestoßen werden:

http://localhost:8080/axis/services/MyWebService?wsdl
http://localhost:8080/axis/services/MyWebService?method=
ortPerPLZ&plz=12345

3.4.3 Aufgabe

Implementieren Sie einen Taschenrechner in Form eines Web Services! Die vier Grundrechenarten sollen dabei jeweils für zwei ganze Zahlen zur Verfügung stehen.

Testen Sie anschließend die Ergebnisse über entsprechende Aufrufe im Browser.

---

[11] Durch einen Neustart des Computers werden die Einträge allerdings gelöscht.

4 Fazit

Dieses Buch hat einen detaillierten Einblick in die Thematik des Web 2.0 gegeben, einem eher abstrakten, aber dennoch sehr verbreiteten Begriff. Mit ihm sollen die Möglichkeiten beschrieben werden, die das Internet in seiner jetzigen Form mit sich bringt.

Als Kriterien für eine Zuordnung einer Internetseite zur Kategorie „Web 2.0" konnten die folgenden Punkte identifiziert werden:

- Das Internet wird als Plattform benutzt,
- die Inhalte einer Seite werden zumindest zum Teil von Benutzern der Seite generiert, in die deren kollektive Intelligenz mit einfließen kann,
- die Anwendung besitzt eine einzigartige Datenbasis,
- sie wird ständig weiterentwickelt und
- besteht aus wieder verwendbaren Komponenten,
- die zur Verfügung gestellten Funktionalitäten können plattformübergreifend benutzt werden,
- neuartige Erfahrungen bezüglich der Anwendung können auf dieser Internetseite gemacht werden,
- die Benutzer werden in eine Gemeinschaft integriert und
- die bekannten „Best Practices" wurden umgesetzt.

Da sich das Internet immer weiter entwickelt, kann zum jetzigen Zeitpunkt nicht garantiert werden, dass in näherer oder weiter entfernter Zukunft nicht noch weitere Kriterien zu dem aufgeführten Katalog hinzukommen werden.

Anhand der vorgestellten Technologien sollte das für eine zeitgemäße Webentwicklung notwendige Handwerkszeug ausreichend vorgestellt worden sein: So ist ein Internet mit rein statischen Seiten mittlerweile unvorstellbar, so dass JSPs, PHP und JavaScript auch in Zukunft an Bedeutung noch zunehmen werden. AJAX mag zwar keine vollständig neue Technologie sein, jedoch hat es einige Angebote im Internet revolutioniert, so dasss niemand auf Dauer die Augen davor verschließen kann. RSS-Feeds werden mittlerweile von jeder größeren Webseite angeboten und haben wesentlich zu einem komfortableren Gebrauch des Internets beigetragen. Auch Web Services werden insbesondere im Rahmen von SOA in Zukunft noch weiter an Bedeutung gewinnen.

Abschließend betrachtet lässt sich sagen, dass nach wie vor fehlende oder von den Browserherstellern nicht umgesetzte Standards im Bereich von DHTML und CSS die Entwicklung von Webanwendungen zusätzlich erschweren.

Über die nähere oder auch weiter entfernte Zukunft des Internets zu spekulieren ist verständlicherweise nicht unproblematisch. Doch wenn man die heutigen Trends betrachtet und von ihrer Fortsetzung ausgeht, so kann man daraus schließen, dass immer mehr Anwendungen online gestellt werden, wobei auch solche davon betroffen sein werden, die heute noch einer lokalen Installation bedürfen. Des Weiteren ist davon auszugehen, dass mobile Endgeräte einen immer höheren Stellenwert einnehmen werden, so dass die jeweilige Software auch dementsprechend entworfen und genutzt werden wird. Auch scheinen serviceorientierte Anwendungen für CIOs immer interessanter zu werden.

Prinzipiell ist für Investoren trotz der herrschenden Euphorie immer noch eine gesunde Skepsis geboten. Sie sollten zwar die vorhandenen Potenziale so weit wie möglich ausschöpfen, jedoch genug Objektivität wahren, um nicht eine neue Seifenblase wie zu Zeiten der New Economy aufzubauen. Der verhaltene, aber dennoch stabile Börsengang von XING [o18] mag als ein Hinweis darauf gesehen werden, dass diese Forderung bereits heute erfüllt wird.

Was die Zukunft im Detail bringen wird, ist allerdings unklar. Auch wenn es heute schon Internet-Gemeinschaften wie zum Beispiel „Second Life" gibt, in denen sich Anwender einen virtuellen dreidimensionalen Stellvertreter erstellen und mit anderen Benutzern interagieren können, so seien Mutmaßungen über Erweiterungen solcher oder ähnlicher Angebote an dieser Stelle doch lieber der Phantasie von Science-Fiction-Autoren überlassen.

Trotzdem steht zu hoffen, dass sich mit der Zeit auch in weiteren Bereichen des Internets Standards durchsetzen werden, so dass bei der Entwicklung nicht immer die jeweiligen Browsereigenschaften berücksichtigt werden müssen, um eine in allen Browsern lauffähige Anwendung zu entwickeln.

Sollte das Internet jedoch jemals an einen Punkt gelangen, an dem es von einigen Nutzern die Bezeichnung „Web 3.0" erhält, so kann davon ausgegangen werden, dass wieder Diskussionen um den Begriff an sich entstehen werden, wie auch um die möglichen Potenziale der damit in Verbindung gesetzten Technologien und Trends.

5 Anhang

5.1 Anhang A: Lösungen

5.1.1 Dynamische Webseite

5.1.1.1 *JavaScript*

Aufgabenstellung

Schreiben Sie mit JavaScript einen BMI-Rechner. Dieser soll aus den Eingaben Gewicht (x) in Kilogramm und Körpergröße (y) in Zentimeter die Kennzahl nach folgender Formel ermitteln:

$$BMI = (x \text{ in kg}) / (y \text{ in m})^2$$

Das Ergebnis soll anschließend in geeigneter Form an den Benutzer ausgegeben werden. Im Falle von einem Normalgewicht sollte dieser Wert in etwa zwischen 19 und 26 liegen.

Verzeichnisstruktur

Abb. 5.1. Verzeichnisstruktur zur Lösung der JavaScript-Aufgabe

Quelltext

```html
<html><head><title>Lösung der Java-Script
Aufgabe</title></head>

<script>
function rechne(){
  var cm = document.bmi.height.value;
  var m = cm/100;
  var kg = document.bmi.weight.value;
  var erg = kg / (m*m);
  //Math.round rundet auf ganze Zahlen
  erg = Math.round(erg*100)/100;
  alert("Ihr BMI lautet: " + erg);
}
</script>

<body>
  <form name="bmi">
    <b>Größe (cm): </b>
    <input size="3" id="height" />
    <b>Gewicht (kg): </b>
    <input size="3" id="weight" />
    <input type="button" value="BMI ausrechnen"
      onClick="rechne()">
  </form>
</body>
</html>
```

5.1.1.2 JSP

Aufgabenstellung

Schreiben Sie mit JSP einen BMI-Rechner. Dieser soll aus den Eingaben Gewicht (x) in Kilogramm und Körpergröße (y) in Zentimeter die Kennzahl nach folgender Formel ermitteln:

$$BMI = (x \text{ in kg}) / (y \text{ in m})^2$$

Das Ergebnis soll anschließend in geeigneter Form an den Benutzer ausgegeben werden. Im Falle von einem Normalgewicht sollte dieser Wert in etwa zwischen 19 und 26 liegen.

Verzeichnisstruktur

Abb. 5.2. Verzeichnisstruktur zur Lösung der JSP-Aufgabe

Quelltext

index.html

```
<html><head><title>Lösung der JSP
Aufgabe</title></head>
<body>
<form name="bmi" action="bmi.jsp"
method="post">
  <b>Größe (cm): </b>
  <input size-"3" name="height"/>
  <b>Gewicht (kg): </b>
  <input size="3" name="weight"/>
  <input type="submit" value="BMI ausrechnen">
</form>
</body>
</html>
```

bmi.jsp

```
<html><head><title>BMI per JSP</title></head>
<body>
<%@ page import="java.lang.Math" %>

<% String height =
      request.getParameter("height");
  String weight =
      request.getParameter("weight");
  float cm = Integer.valueOf(height);
  int kg = Integer.valueOf(weight);
  float m = cm/100;

  float erg = kg/(m*m);
  //Math.round rundet auf ganze Stellen
  erg = Math.round(erg*100);
  erg = erg/100;
%>

Ihr BMI beträgt <%=erg%>.

</body>
</html>
```

5.1.1.3 PHP

Aufgabenstellung

Schreiben Sie mit PHP einen BMI-Rechner. Dieser soll aus den Eingaben Gewicht (x) in Kilogramm und Körpergröße (y) in Zentimeter die Kennzahl nach folgender Formel ermitteln:

$$BMI = (x \text{ in kg}) / (y \text{ in m})^2$$

Das Ergebnis soll anschließend in geeigneter Form an den Benutzer ausgegeben werden. Im Falle von einem Normalgewicht sollte dieser Wert in etwa zwischen 19 und 26 liegen.

Verzeichnisstruktur

Abb. 5.3. Verzeichnisstruktur zur Lösung der PHP-Aufgabe

Quelltext

index.html

```
<html><head><title>Lösung der PHP
Aufgabe</title></head>
<body>
<form name="bmi" action="bmi.php"
method="post">
  <b>Größe (cm): </b>
  <input size="3" name="height"/>
  <b>Gewicht (kg): </b>
  <input size="3" name="weight"/>
  <input type="submit" value="BMI ausrechnen">
</form>
</body>
</html>
```

bmi.php

```
<html><head><title>BMI per PHP</title></head>
<body>
<?php
  $cm = $_POST['height'];
  $kg = $_POST['weight'];
  $m = $cm/100;

  $erg = $kg/($m*$m);
  //Zahlen können in PHP mit der Operation
  //"round" gerundet werden
  //diese muss zuerst die zu rundende Zahl und
  //danach die Anzahl der Nachkommastellen
  //übergeben bekommen
  $bmi = round($erg,2);
  echo "Ihr BMI beträgt ";
  echo $bmi;
?>

</body></html>
```

5.1.2 AJAX

Aufgabenstellung

Erstellen Sie eine Weboberfläche für ein Lexikon. Diese soll
für einige frei wählbare deutsche Wörter vom Server die engli-
schen und französischen Übersetzungen erfragen und ohne
erneuten Seitenaufbau anzeigen. Verwenden Sie hierfür eine
Textarea. Falls Sie bereits über entsprechende DOM-Kenntnisse verfügen, lassen Sie alternativ dazu ein XML-Dokument
vom Server zurückgeben, lesen Sie die einzelnen Bestandteile
heraus und füllen Sie einzelne Textfelder damit.

Verzeichnisstruktur

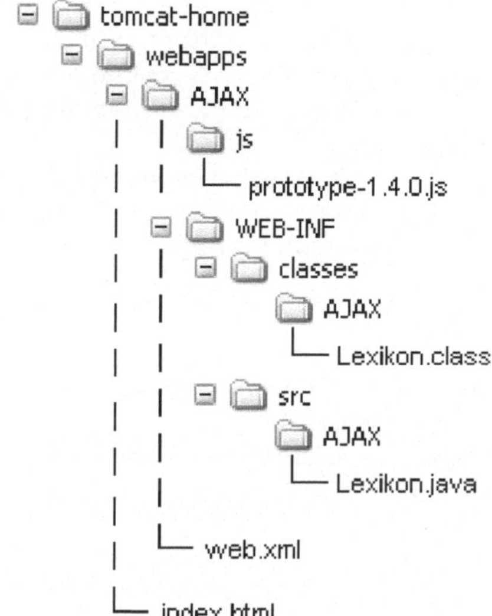

Abb. 5.4. Verzeichnisstruktur zur Lösung der AJAX-Aufgabe

Quelltext

index.html
(Startseite für die Ergebnisanzeige in einer Textarea):

```
<html><head><title>Lösung der AJAX-
Aufgabe</title>
<script src="js/prototype-1.4.0.js"
language="JavaScript"
      type="text/javascript"></script>
```

```
<script>
  function search(){
    var params = 'deutsch='+$F('deutsch');
    var url = 'http://localhost:8080/
          AJAX/servlet/AJAX.Lexikon';
    //Erzeugen und Wegschicken des Requests mit
    //Prototype:
    var myAJAX = new AJAX.Request( url, {
          method: 'get', parameters: params,
          onComplete: showResponse });
  }

  function showResponse(originalRequest){
    //Ergebnis-XML in der Textarea anzeigen
    $('result').value =
          originalRequest.responseText;
  }
</script>

</head>
<body>
  <b>Deutsch: </b>
  <input size="20" id="deutsch" />
  <input type="button" value="Übersetzen"
          onClick="search()"> <br/>
  <textarea id="result" cols=25 rows=3>
  </textarea>
</body>
</html>
```

Lexikon.java
(Servlet, für die Ergebnisanzeige in einer Textarea):

```
package AJAX;
import java.util.*;
import java.io.*;
```

```java
import javax.servlet.ServletException;
import javax.servlet.http.HttpServlet;
import javax.servlet.http.HttpServletRequest;
import javax.servlet.http.HttpServletResponse;


/**
 *
 * @author Jens Behrendt
 * Servlet, das die Get-Anfrage des
 * XMLHttpRequests entgegen nimmt
 * und das Ergebniss an den Client zurückgibt
 * Sinnvolle Eingaben auf Client-Seite sind in
 * diesem Fall "Mann", "Frau", "Kind" und
 * "Haus"
 */
public class Lexikon extends HttpServlet{

  /**
   * reagiert auf get-Anfragen des Client,
   * leitet die Suchanfrage an die DB weiter und
   * schreibt die Übersetzungen als HTML-Code
   * zurück
   */
  public void doGet(HttpServletRequest request,
HttpServletResponse response) throws
IOException, ServletException{
    response.setContentType("text/html");
    PrintWriter out = response.getWriter();
    String deutsch =
request.getParameter("deutsch");
    //aus dem input-feld 'deutsch' bzw. aus der
    //get-Anfrage
    //Ergebnisse sortiert rausschreiben
    out.println("Englisch: ");
    out.println(getEnglisch(deutsch)+"<br/>");
    out.println("Französisch: ");
```

```java
    out.println(getFranzösisch(deutsch)
+"<br/>");
    out.close();
  }


  /**
   * Liefert die englische Übersetzung für ein
   * paar Wörter zurück. Ist normalerweise
   * durch eine entsprechende komplexere
   *(Datenbank-)Abfrage zu ersetzen.
   * Im Default-Fall wird "unbekannt"
   * zurückgegeben
   */
  public String getEnglisch(String deutsch){
    if("Mann".equalsIgnoreCase(deutsch) )
      return "man";
    if("Frau".equalsIgnoreCase(deutsch) )
      return "woman";
    if("Kind".equalsIgnoreCase(deutsch) )
      return "child";
    if("Haus".equalsIgnoreCase(deutsch) )
      return "house";
    return "unbekannt";
  }


  /**
   * Liefert die französische Übersetzung für
   * ein paar Wörter zurück. Ist normalerweise
   * durch eine entsprechende komplexere
   * (Datenbank-)Abfrage zu ersetzen.
   * Im Default-Fall wird "unbekannt"
   * zurückgegeben
   */
  public String getFranzösisch(String deutsch){
    if("Mann".equalsIgnoreCase(deutsch) )
      return "homme";
```

```
      if("Frau".equalsIgnoreCase(deutsch) )
        return "femme";
      if("Kind".equalsIgnoreCase(deutsch) )
        return "enfant";
      if("Haus".equalsIgnoreCase(deutsch) )
        return "baraque";
      return "unbekannt";
    }
}
```

web.xml:

```xml
<?xml version="1.0" encoding="ISO-8859-1"?>

<!DOCTYPE web-app
  PUBLIC "-//Sun Microsystems, Inc.//DTD Web
Application 2.3//EN"
  "http://java.sun.com/dtd/web-app_2_3.dtd">

<web-app>
  <servlet>
    <servlet-name>
      Lexikon
    </servlet-name>
    <servlet-class>
      AJAX.Lexikon
    </servlet-class>
  </servlet>

  <servlet-mapping>
    <servlet-name>Lexikon</servlet-name>
    <url-pattern>/servlet/*</url-pattern>
  </servlet-mapping>
</web-app>
```

Getrennte Anzeige der Ergebnisse in Textfeldern:
In der index.html sind zunächst einmal zwei Textfelder mit den id's „englisch" und „französisch" zu ergänzen. In diesen sollen später die Ergebnisse getrennt voneinander angezeigt werden.

Im Servlet wiederum ist ein XML-Dokument zu generieren bzw. zurückzugeben. Hierfür sind die oben abgebildeten „out.prinln"-Befehle im Servlet Lexikon.java durch den folgenden Quelltext zu ersetzen:

```
out.println("<AJAX-response>");
  out.println("<englisch>");
    out.println(getEnglisch(deutsch));
  out.println("</englisch>");
  out.println("<franzoesisch>");
    out.println(getFranzösisch(deutsch));
  out.println("</franzoesisch>");
out.println("</AJAX-response>");
out.close();
```

Damit das hiermit generierte Ergebnis auf der Client-Seite anschließend ausgewertet werden kann, sind dort in der Java-Script-Funktion „showResponse" die Inhalte des zurückgegebenen XML-Dokuments einzeln auszulesen. Anschließend kann mit „getElementsByTagName('name')" ein Array aller Tags bzw. Items ermittelt werden. Somit ergibt sich der folgende geänderte Quelltext für die Funktion:

```
function showResponse(originalRequest) {
  //Ergebnis-XML in der Textarea anzeigen
  $('result').value =
originalRequest.responseText;
  //Um DOM-Operationen auf dem Ergebnis
  //ausführen zu können, muss responseXML
```

```
    //angesprochen werden, oder responseText
    //manuell geparst und anschließend das
    //imaginäre Wurzelelement ermittelt werden
    var dom = originalRequest.responseXML;
    //Inhalte der Tags "englisch" und "franzoe-
    //sisch" lesen: Jeweils der Inhalt des ersten
    //Tags mit diesem Namen, folglich an der
    //Stelle '0' im Array
    var eng =
dom.getElementsByTagName("englisch").item(0).fi
rstChild.nodeValue;
    var fra =
dom.getElementsByTagName("franzoesisch").item(0
).firstChild.nodeValue;
    //Anzeige
    $('englisch').value = eng;
    $('französisch').value = fra;
}
```

5.1.3 RSS

Aufgabenstellung

Legen Sie einen neuen Ordner im Tomcat-Webapps-Verzeichnis mit dem Namen RSS an. Verknüpfen Sie eine anzulegende index.html mit einem neuen RSS-Dokument. Abonnieren Sie daraufhin diese Webseite mit einem Feedreader Ihrer Wahl, zum Beispiel Feedreader von http://www.feedreader.com/. Legen Sie nun eine zweite HTML-Datei im gleichen Verzeichnis an und machen Sie diese über einen Eintrag im RSS-Dokument inklusive des Links bekannt. Überprüfen Sie das Ergebnis anschließend in Ihrem Feedreader.

Verzeichnisstruktur

Abb. 5.5. Verzeichnisstruktur der Lösung zur RSS-Aufgabe

Quelltext

Die folgenden drei Dokumente sind unter ihren Überschriften
in einem Ordner namens „RSS" unterhalb des webapps-Ver-
zeichnisses des Tomcat anzulegen.

index.html:

```
<html><head><title> Startseite des RSS-
Beispiels </title>

<link rel="alternate"
type="application/rss+xml" title="RSS"
href="http://localhost:8080/RSS/rss.xml" />

</head>
<body>

<a href="rss.xml"> Hier </a> geht's zum RSS-
File. Über den Link kann ein Benutzer die
Adresse des Files ausfindig machen, um sie
seinem Feed-Reader zur Verfügung zu stellen.
Eleganter ist die Einbindung über den Eintrag
```

im Header, über den oben zu sehenden "link"-
Tag.
```
</body>
</html>
```

news.html:

```
<html>
<head> <title>News </title>

<link rel="alternate"
type="application/rss+xml" title="RSS"
href="http://localhost:8080/RSS/rss.xml" />

</head>
<body>
```

Hier stehen Neuigkeiten, auf die der RSS-Feed
verweist!

Anstelle einer neuen Seite hätte natürlich auch
ein Anker dienen können, auf den mit dem Link
im Feed verwiesen wird.

```
</body>
</html>
```

rss.xml:

```
<?xml version='1.0'?>
<rss version='2.0'>
  <channel>
    <title> mein Titel </title>
```

```
<link> http://localhost:8080/RSS.index.html
</link>
<description> genauere Beschreibung des
Feeds </description>

<item>
   <title> Titel des Eintrages </title>
   <description> genauere Beschreibung des
Eintrages </description>
   <link>
http://localhost:8080/RSS/news.html </link
</item>

</channel>
</rss>
```

Der RSS-Feed kann dem Feedreader über die Angabe der absoluten Pfadangabe bekannt gemacht werden. In diesem Fall lautet sie:

http://localhost:8080/RSS/rss.xml.

Bei der Eingabe des „link"-Befehls im Header der „index.html" genügt die Angabe des übergeordneten Verzeichnisses:

http://localhost:8080/RSS/.

Ebenso kann der Feed dann natürlich auch über einen Klick auf das Symbol in der Navigationsleiste des Browsers abonniert werden.

5.1.4 Web Services

Aufgabenstellung

Implementieren Sie einen Taschenrechner in Form eines Web Services! Die vier Grundrechenarten sollen dabei jeweils für zwei ganze Zahlen zur Verfügung stehen.

Testen Sie anschließend die Ergebnisse über entsprechende Aufrufe im Browser.

Verzeichnisstruktur

Abb. 5.6. Verzeichnisstruktur der Lösung zur Web Service-Aufgabe

Quelltext

Die Voraussetzungen sind, wie in Abschn. 3.4.2.2 beschrieben, zu realisieren. Der unten stehende Quelltext ist daraufhin im Ordner „axis" unterhalb des „webapps"-Verzeichnis im Tomcat als „TR.jws" abzuspeichern.

```
/**
 *
 * @author Jens Behrendt
 * Java-Klasse, die die vier Grundrechenarten
 * zu Verfügung stellt.
 * Da laut Aufgabestellung nur ganze Zahlen
 * verarbeitet werden sollen, war jeweils der
 * Datentyp int ausreichend
 */
```

```java
public class TR{
  //Beipielaufruf:
  //http://localhost:8080/axis/TR.jws?
  //method=add&a=2&b=1
  public int add(int a, int b){
    return a+b;
  }


  //Beipielaufruf:
  //http://localhost:8080/axis/TR.jws?
  //method=sub&a=2&b=1
  public int sub(int a, int b){
    return a-b;
  }


  //Beipielaufruf:
  //http://localhost:8080/axis/TR.jws?
  //method=div&a=2&b=1
  public int div(int a, int b){
    return a/b;
  }


  //Beipielaufruf:
  //http://localhost:8080/axis/TR.jws?
  //method=mult&a=2&b=1
  public int mult(int a, int b){
    return a*b;
  }


  //alternativ: eine Operation mit Angabe der
  //Rechenart in einer ersten Variable
  //Beipielaufruf:
  //http://localhost:8080/axis/TR.jws?
  //method=rechne&art=addiere&a=2&b=1
  public int rechne(String art,int a, int b){
```

```
  if("addiere".equalsIgnoreCase(art) )
    return a+b;
  if("subtrahiere".equalsIgnoreCase(art) )
    return a-b;
  if("dividiere".equalsIgnoreCase(art) )
    return a/b;
  if("multipliziere".equalsIgnoreCase(art) )
    return a*b;
  return 0;
  }
}
```

5.2   Anhang B: Apache Tomcat Einführung

Der Apache Tomcat ist ein Opensource-Server mit denkbar einfacher Bedienung. Ursprünglich ist er allein für die Ausführung von Servlets und JSP vorgesehen. Mit entsprechenden Anpassungen sind jedoch auch einige Skriptsprachen, wie zum Beispiel PHP darüber ausführbar.

Nach erfolgtem Download und Installation [o05] kann er in der aktuellen Version 5.5 unter Windows über „Start", „Programme" geladen und in der darauf erscheinenden Maske über Buttons gestartet bzw. gestoppt werden. Voraussetzung für das Ausführen von Java Quelltext in Form von JSP, Servlets oder Java Web Services ist ein erfolgreich installiertes JDK [o25].

Dieses sollte, um die Einrichtung des Tomcats so komfortabel wie möglich zu gestalten, bereits im Vorhinein installiert sein: Bei der Installation des Tomcat kann es somit gleich als die aktuelle Java-Version angegeben werden. Ein eventuell bereits vorhandenes JRE ist für die korrekte Funktionsweise des Tomcat nicht ausreichend, so dass an dieser Stelle entsprechend Vorsicht geboten ist.

Ebenso sollten die Umgebungsvariablen JAVA_HOME und CATALINA_HOME auf die entsprechenden Installationsverzeichnisse gesetzt werden[12,] damit gegebenenfalls Befehle von der Konsole aus gestartet werden können. Ebenfalls sollte hierfür die Systemvariable Path um einen Eintrag bezüglich der Java-Installation erweitert werden, der beispielsweise wie folgt aussehen kann:

```
<bestehende Pfadangaben>; C:\Java\
    jdk1.5.0_03\bin
```

Benötigt wird eine Umgebung wie der Tomcat immer dann, wenn nicht nur auf der Clientseite HTML- oder JavaScript-Code ausgeführt werden muss, sondern auch auf dem Server Verarbeitung stattfindet.

Ein Tomcat-Projekt kann im einfachsten Fall immer nach dem gleichen Muster aufgebaut werden:

Sämtliche Dateien liegen in einem Ordner unterhalb von „webapps" im Tomcat-Installationsverzeichnis. Über den Namen dieses Ordners ist auch die direkt darunter liegende index.html über http://localhost:8080/Ordnername/ ansprechbar. Dies ist zwar nicht die eleganteste, für den Einsteig dafür aber die leichteste Lösung.

Im Ordner WEB-INF liegen sämtliche Programme, die von der Webseite angesprochen bzw. aufgerufen werden können. Im Fall von Java bestehend aus einem Ordner „src" für den Quelltext, einem Ordner „classes" für die kompilierten class-Dateien und einem Ordner „lib" für sämtliche eingesetzte jar-Archive.

---

[12] Beispielsweise bei Windows XP über Systemsteuerung, System, Erweitert, Umgebungsvariablen. Beispielhafte Einträge könnten wie folgt aussehen:

JAVA_HOME C:\ \Java\jdk1.5.0_03

CATALINA_HOME C:\ Apache Software Foundation\Tomcat 6.0

Ebenfalls im Ordner WEB-INF liegt die Datei web.xml, die im Zusammenhang mit den vorgestellten Beispielen nur an einer Stelle eine Rolle spielt: wenn ein Servlet angesprochen werden soll. In diesem Fall sollten dort in etwa folgende Einträge zu finden seien:

```
<web-app>
  <servlet>
    <servlet-name>
      MyServlet
    </servlet-name>
    <servlet-class>
      myPackage.MyServlet
    </servlet-class>
  </servlet>
  <servlet-mapping>
    <servlet-name>MyServlet</servlet-name>
    <url-pattern>
      /servlet/myPackage.MyServlet
    </url-pattern>
  </servlet-mapping>
</web-app>
```

5.3   Anhang C: Servlet des AJAX-Beispiels

```
package AJAX;

import java.io.IOException;
import java.io.PrintWriter;
import javax.servlet.*;
import javax.servlet.http.HttpServlet;
import javax.servlet.http.HttpServletRequest;
import javax.servlet.http.HttpServletResponse;
```

```java
/**
 * @author Jens Behrendt
 * Servlet, das die Get-Anfrage des
 *XMLHttpRequests entgegen nimmt
 * und das Ergebniss an den Client zurückgibt
 * Sinnvolle Eingaben auf Client-Seite sind in
 *diesem Fall "12345" und "44579"
 */
public class MyServlet extends HttpServlet{

    //empfängt den Get-Request der index-html und
    //schreibt das Ergebnis zurück, ruft dafür
    //ortPerPLZ auf
    public synchronized void
doGet(HttpServletRequest request,
HttpServletResponse response) throws
IOException, ServletException{
        response.setContentType("text/xml");
        PrintWriter out = response.getWriter();
        //String aus dem Request rauslesen
        String plz = request.getParameter("plz");
        String ort = ortPerPLZ(plz);
        //Ergebnis zurückschreiben
        out.println(ort);
    }

    //Gibt den passenden Ort zur eingegebenen PLZ
    //zurück
    public static String ortPerPLZ(String plz){
        int i = Integer.parseInt(plz);

        switch(i){
            case 12345: return "Musterstadt";
            case 44579: return "Castrop-Rauxel";
            // usw.
            default: return "keine Stadt vorhanden";
        }
    }
}
```

6 Glossar

Amazon	Online-Versandhaus, erreichbar unter http://www.amazon.de.
Applet	Java-Programm, das direkt in eine HTML-Seite eingebettet werden kann.
Asynchronous JavaScript and XML (AJAX)	Technologiebündel zur Realisierung asynchroner Client-Server-Anfragen im Web, inklusive anschließendem partiellen Seitenaufbau (siehe Abschn. 3.2).
Best Practices	In der Praxis bewährte Verfahren und Standards, die im Vergleich mit anderen bessere Ergebnisse erzielen und deshalb nachgeahmt werden.
Blog	Online-Tagebuch (siehe Abschn. 2.4.4)
Body-Tag	Der Tag eines HTML-Dokumentes, der den eigentlichen Inhalt dieser Seite ankündigt.
boolean	Primitiver Datentyp, der nur die Werte wahr oder falsch bzw. true oder false annehmen kann.

Buzzword — Schlagwort, wird eingesetzt, um einen kurzen prägnanten Begriff für einen komplexen Sachverhalt verwenden und beim Zuhörer Leser oder Aufmerksamkeit erregen zu können.

Caching — Schreiben von Daten in den Cache bzw. Zwischenspeicher.

Cascading Style Sheets (CSS) — Werden benutzt, um das Design einer Webseite zu bestimmen. Sollten in eine externe Datei ausgelagert und von allen betroffenen HTML-Seiten benutzt werden.

Class-Datei — Durch das Kompilieren von Java-Quelltext wird eine Datei mit der Endung .class erzeugt, die den erzeugten Byte-Code enthält.

Client — Bei verteilten Systemen: Bezeichnung für alle Rechner, die Daten vom Server abrufen. Je nachdem, ob clientseitig ebenfalls Programmcode ausgeführt werden muss, wird zwischen Thin- und Fat-Client unterschieden.

Content Management System (CMS) — Programm zur Erstellung und Wartung von Webseiten ohne Kenntnisse von HTML oder Ähnlichem.

Cookie — Hier: kleine Datei, die von Webseiten auf den einzelnen Clients abgelegt werden können. Werden bei einem erneuten Aufruf mit an den Server geschickt.

Copy-Paste	Kopieren und Einfügen von Inhalten, entweder über eine Auswahl im Menü nach Betätigung der rechten Maustaste oder über die Tastaturküzel Strg+C und Strg+V.
Deployment	Bereitstellung, Verteilung, Installation, Einrichtung und Starten eines Projekts bzw. Programms.
Dialer	Ein Einwahlprogramm. Im negativen Sinne im Zusammenhang mit Webseiten: Programm, das ohne Zustimmung des Benutzers eine kostenpflichtige Verbindung aufbaut.
Document Object Model (DOM)	Sprach- und plattformunabhängige Schnittstelle zum Auslesen der Inhalte und Manipulieren von XML-Dateien. Vor dem ersten Zugriff muss der jeweilige Code erst einmal in den Speicher geladen und auf eine entsprechende Baumstruktur abgebildet werden. Dieser Vorgang wird auch als Parsen bezeichnet.
DOM-Scripting	Hier: Realisierung von DOM-Befehlen mittels JavaScript.
Dynamic HTML (DHTML)	Umsetzung der DOM-Funktionalitäten für HTML-Dokumente, so dass sich das Dokument dynamisch verändern lässt.
Extensible Markup Language (XML)	Erweiterbare Auszeichnungssprache; Standard im Bereich von plattform- und sprachunabhängigem Datenaustausch; Inhalte werden zwischen Tags platziert.

Flash Player   Abspielprogramm für mit Flash entwickelte Inhalte einer Webseite.

Flash   Abkürzung für Adobe Flash. Dient zur Entwicklung animierter Inhalte einer Webseite. Entsprechende Dateien besitzen die Endung .swf. Zum Abspielen wird ein „Flash Player" benötigt.

Flickr   Online-Bilderarchiv, in das jeder Benutzer seine Fotos laden kann (siehe Abschn. 2.4.3)

Get-Request   Request, bei dem die Parameter explizit an die URL angefügt werden. Gekennzeichnet wird er durch ein ‚?', gefolgt von den einzelnen Attributnamen und ihren Werten. Bei mehreren Attributen werden diese durch ein ‚&' voneinander getrennt.

hochladen   Von einem Client aus Daten auf einen Server laden, die dort gespeichert werden und somit für einen späteren Zugriff zur Verfügung stehen.

Hyperlink   Verweis auf ein anderes Dokument oder eine andere Datei, die über einen Klick auf den jeweiligen Hyperlink aufgerufen werden können.

Hypertext Preprocessor (PHP)   Programmiersprache zum Erstellen dynamischer Webseiten. Im Gegensatz zu JavaScript wird der Quelltext hierbei serverseitig ausgeführt.

Hypertext Transfer Protocol (HTTP)	Protokoll, über das im Internet standardgemäß Daten versendet werden.
Java Archive	Mehrere Java-Klassen in einer Datei zusammengefasst. Können direkt ausführbar sein oder als Programmbibliothek eingesetzt werden. Liegen meist in komprimierter Form vor.
Java Development Kit (JDK)	Enthält die Java Laufzeitumgebung und den Java Compiler. Ist somit Voraussetzung, wenn Java Quelltext noch nicht in maschinenlesbarer Form (Bytecode) vorliegt, sondern erst kompiliert werden muss.
Java Runtime Environment (JRE)	Kann Java Quelltext ausführen, wenn er in maschinenlesbarer Form (Bytecode) vorliegt.
JavaScript Object Notation (JSON)	Format zur Beschreibung von Daten. Kann auch von anderen Programmiersprachen als JavaScript ausgelesen werden. Ist in der Beschreibung von Objekten kompakter als XML, trotzdem noch nicht so verbreitet.
JavaScript	Objektbasierte, im Browser ausführbare Programmiersprache.
Java Server Page (JSP)	HTML-Seite mit eingebettetem Java-Code. Kann auf die Attribute und Operationen vorhandener Javaklassen zugreifen.
Java	Objektorientierte Programmiersprache.

kompilieren   Hier: Umwandlung des Java-Quelltextes in entsprechenden Byte-Code, damit das Programm in maschinenlesbarer Form vorliegt und somit später ausgeführt werden kann.

Konstruktor   Operation zum Erzeugen eines Objekts einer Klasse. Hat den gleichen Namen wie diese Klasse.

Link   Siehe Hyperlink

New Economy   Neue Wirtschaft, bezeichnet die Gesamtheit aller IT-Unternehmen, die sich vom Rest der Volkswirtschaft dadurch abgrenzen, dass Informationen und Dienstleistungen weit wichtiger als materielle Waren sind.

Nickname   Stellvertretender oder auch Spitzname, den sich ein Mitglied einer Internetgemeinschaft aussucht, wenn er seinen realen Namen nicht angeben will.

NULL   Beschreibt in dieser Schreibweise nicht die Zahl null, sondern ein Objekt ohne Inhalte.

Opensource   Bezogen auf Software: nutzbar ohne Lizenzgebühren, Einblick in den Quelltext des Programms ist möglich.

Overhead   Zusätzlich übermittelte Daten, die keine notwendigen Informationen beinhalten.

persistent   Im Sinne von dauerhaft, hier: in einer Datenbank gespeichert.

PHP   siehe Hypertext Preprocessor

Post-Request   Überträgt automatisch alle im betroffenen Formular vorhandenen Daten an den Server.

Representational State Transfer (REST)   Alternative zur SOAP bei der Kommunikation von bzw. mit Web Services. Über die HTML-Methoden Delete, Get, Post und Put kann direkt auf Ressourcen zugegriffen werden.

Request   Anfrage, im Falle des HTTP in der Form eines Get- oder Post-Requests

reStructured Text (reST)   Auszeichnungssprache, deren Inhalte auch ohne zu parsen besonders leicht lesbar sind. Ist im Gegensatz zu XML auf einige Auszeichnungen begrenzt.

RSS   Technologie zum Abonnement von Änderungen oder Aktualisierungen einer Webseite (siehe Abschn. 3.3).

RSS-Feed   XML-Datei, die von einem RSS-Reader gelesen werden kann.

RSS-Reader   Software zur lokalen Installation. Kann abonnierte RSS-Feeds aus dem Internet lesen und anzeigen. Dies kann ein Browser, ein Email-Programm oder spezielle Software sein.

SAX   siehe Simple API for XML

Server

Bei verteilten Systemen: der Rechner, auf dem das Programm hauptsächlich ausgeführt wird.

Simple API for XML (SAX)

SAX ist eine Alternative zu DOM. Ein entsprechender Parser liest hierbei die XML-Datei sequenziell durch und reagiert auf vorher festgelegte Ereignisse, wie z. B. einem bestimmten öffnenden Tag. Im Gegensatz zu DOM muss das XML-Dokument nicht vorher in den Speicher geladen werden. Dadurch können zwar im Dokument selbst keine Inhalte manipuliert werden, jedoch kann die Verarbeitung wesentlich schneller erfolgen.

Spam

Emails, die ohne den ausdrücklichen Wunsch des Empfängers trotzdem an ihn gesendet werden. Werden in der Regel für Werbezwecke eingesetzt.

statisch

Im Zusammenhang mit Webseiten: Es werden lediglich Inhalte online gestellt, die daraufhin im Browser betrachtet werden können. Ein dynamischer Austausch mit dem Nutzer mit entsprechenden Reaktionen ist nicht vorgesehen.

String

Datentyp, der eine Folge beliebiger Zeichen beinhalten kann, die auch nur als solche ausgewertet werden können. Rechenoperationen mit Strings sind folglich nicht möglich.

Tag

Bei XML: Auszeichnung in der Form <tagname> für einen öffnenden, und </tagname> für einen schließenden Tag
Bei Flickr und anderen Webanwendungen: Schlüsselwort zum Kategorisieren von Inhalten mit einem gemeinsamen Thema zum Suchen bzw. Finden.

Tomcat

Kurzform für Apache Tomcat, einem Opensource-Servlet-Container.

Tutorial

Einführendes Dokument in den Umgang mit einer Software. Beschreibt das Vorgehen meist Schritt für Schritt zum bestmöglichen Nachvollziehen.

Uniform Resource Identifier (URI)

Dient zur eindeutigen Identifizierung von Ressourcen auf einem Rechner.

Uniform Resource Locator (URL)

Identifiziert eindeutig eine Ressource auf einem Rechner über einen Zugriffmechanismus, im Internet meistens in der Form http://meineURL.de.

Voice over IP

Prinzip des Telefonierens, wobei das Internet als Telefonleitung verwendet wird.

Wikipedia

Opensource-Online-Lexikon, in dem jeder Benutzer eigene Artikel publizieren oder bestehende ändern kann (siehe Abschn. 2.4.1).

XING   Chinesisch für „es ist möglich“, Internet-Community um Geschäftskontakte zu knüpfen, erreichbar unter http://www.xing.com, ehemals als OpenBC bekannt.

XML   siehe Extensible Markup Language

7 Quellenverzeichnis

7.1 Literatur

[01] Tom Alby, Web 2.0. Konzepte, Anwendungen, Technologien; Hanser Fachbuchverlag; Hamburg 2006

[02] O. Bergmann und C. Bormann, AJAX – Frische Ansätze für das Web-Design; SPC TEIA Lehrbuch Verlag; Berlin 2005

[03] D. Crane und E. Pascarello, AJAX in Action; Manning; USA 2006

[04] W. Dostal, M. Jeckle, I. Melzer und B. Zengler, Serviceorientierte Architekturen mit Web Services (Kapitel 3: Web Services-Architektur); Spektrum Akademischer Verlag; München 2005

[05] J. Gamperl, AJAX Web 2.0 in der Praxis; Galileo Press; Bonn 2006

[06] J. Hunter und W. Crawford, Java Servlet Programmierung; O'Reilly; Köln 2004

[07] C. Schmitt; CSS Kochbuch, O'Reilly; Köln 2005

[08] Heinz Wittenbrink, Newsfeed mit RSS und Atom; Galileo Press GmbH; Bonn 2005

[09] iX SPECIAL. Trends, Tool-Übersichten, Programmierung: Web 2.0 – das Kompendium; Ausgabe 1/07

7.2 Online-Quellen

[o01] AJAX-Framework Auflistung
http://AJAXpatterns.org/AJAX_Frameworks

[o02] Apache Axis: Deutschsprachiges Tutorial
http://www.torsten-horn.de/techdocs/java-soap-axis.htm

[o03] Apache Axis: Offizieller User Guide
http://ws.apache.org/axis/java/user-guide.html

[o04] Apache Axis
http://ws.apache.org/axis

[o05] Apache Tomcat
http://tomcat.apache.org

[o06] Apache: Download des Servers
http://httpd.apache.org/download.cgi

[o07] CERN
http://www.cern.de

[o08] Clearnova Homepage
http://www.clearnova.com

[o09] Dojo: ein AJAX-Framework
http://dojotoolkit.org/

[o10] DOM Parser bei Sourceforge
http://xmljs.sourceforge.net/website/
documentation-w3cdom.html

[o11] Erster Artikel zu AJAX inklusive Namensgebung von
J. J. Garret
http://www.adaptivepath.com/publications/essays/
archives/000385.php

[o12] Feedreader
http://www.feedreader.com/

[o13] Flickr
http://www.flickr.com

[o14] Google Docs und Spreadsheets
http://www.writely.com

[o15] Google Mail
http://mail.google.com/mail

[o16] Google Maps
http://maps.google.de

[o17] Google Web Toolkit
http://code.google.com/webtoolkit/

[o18] Heise: Börsenneuling OpenBC leicht über Ausgabekurs
(07.12.2006)
http://www.heise.de/newsticker/meldung/82188

[o19] Heise: Google kauft Web-basierte Textverarbeitung
http://www.heise.de/newsticker/meldung/70641

[o20] Heise: Zwischen Web-2.0-Euphorie und openBC-
Börsengang (05.12.2006)
http://www.heise.de/newsticker/meldung/82051

[o21] Ian Davis: Talis, Web 2.0 and All That
http://iandavis.com/blog/2005/07/
talis-web-20-and-all-that

[o22] Java ist auch eine Insel: 17.13: Cookies
http://www.galileocomputing.de/openbook/javainsel5/
javainsel17_012.htm#Rxx747java17012040006B61F03
1100

[o23]   Java ist auch eine Insel: 17.14: Sitzungsverfolgung
        http://www.galileocomputing.de/openbook/javainsel5/
        javainsel17_013.htm#Rxx747java17013040006B71F02
        5100

[o24]   Java ist auch eine Insel: 17.19: Objekte und Dateien per
        POST verschicken
        http://www.galileocomputing.de/openbook/javainsel5/
        javainsel17_018.htm#Rxx747java17018040006BC1F01
        2100

[o25]   Java: Download eines JDK
        http://java.sun.com/javase/downloads/index.jsp

[o26]   O'Reilly Radar: Web 2.0: Compact Definition inklusive
        anschließender Diskussion
        http://radar.oreilly.com/archives/2005/10/
        web_20_compact_definition.html

[o27]   Paul Graham: Web 2.0
        http://paulgraham.com/web20.html

[o28]   Paul Graham: What the Bubble got right
        http://www.paulgraham.com/bubble.html

[o29]   PHP Downloads
        http://de3.php.net/downloads.php

[o30]   PHP: Deutschsprachiges Handbuch
        http://www.php.net/manual/de/

[o31]   Prototype Homepage
        http://prototype.conio.net/

[o32]   Prototype-Dokumentation bei Scriptaculous
        http://wiki.script.aculo.us/scriptaculous/show/Prototype

[o33]   selfhtml: Vorhandene Objekte in JavaScript
        http://de.selfhtml.org/javascript/objekte/index.htm

[o34] Tagesschau.de: Online-Enzyklopädie Wikipedia unter
       Druck
       http://www.tagesschau.de/aktuell/meldungen/
       0,1185,OID5200820,00.html

[o35] Tim O'Reilly: What is Web 2.0
       http://www.oreillynet.com/lpt/a/6228

[o36] W3C zum DOM
       http://www.w3.org/DOM/

[o37] W3C zum SOAP
       http://www.w3.org/TR/soap

[o38] W3C zum XMLHttpRequest
       http://www.w3.org/TR/XMLHttpRequest

[o39] W3C zur WSDL
       http://www.w3.org/TR/wsdl

[o40] Web 2.0 Conference mit dem Programm für 2006
       http://www.web2con.com/pub/w/49/overview.html

[o41] Wikipedia: Beispielhafter Artikel für den Screenshot
       http://de.wikipedia.org/wiki/AJAX_der_Kleine

[o42] DTD von RSS 2.0
       http://www.silmaril.ie/software/ rss2.dtd

8 Abkürzungsverzeichnis

AJAX	......	Asynchronous Javascript and XML
Axis	......	Apache eXtensible Interaction System
BC	......	Business Club
BMI	......	Body Mass Index
CERN	......	Conseil Européen pour la Recherche Nucléaire (Europäische Organisation für Kernforschung)
CIO	......	Chief Information Officer
CSS	......	Cascading Style Sheets
DDR	......	Deutsche Demokratische Republik
DHTML	......	Dynamic HTML
DOM	......	Document Object Model
DTD	......	Document Type Definition
HTML	......	Hypertext Markup Language
HTTP	......	Hypertext Transfer Protocol
ID	......	Identifikationsbezeichnung
Inc.	......	Incorporated
IP	......	Internet Protocol
IT	......	Information Technology
JAR	......	Java Archive
JDK	......	Java Development Kit
JRE	......	Java Runtime Environment
JSON	......	JavaScript Object Notation

JSP	……	Java Server Page
JWS	……	Java Web Service
MS	……	Micosoft
PC	……	Personal Computer
PHP	……	Hypertext Preprocessor
reST	……	reStructured Text
RDF	……	Resource Description Framework
REST	……	Representational State Transfer
RSS	……	RDF Site Summary Really Simple Syndication Rich Site Summary
SAX	……	Simple API for XML
SOAP	……	Simple Object Access Protocol
UDDI	……	Universal Description, Discovery and Integration
URI	……	Uniform Resource Identifier
URL	……	Uniform Resource Locator
WSDD	……	Web Services Deployment Descriptor
WSDL	……	Web Services Description Language
XML	……	Extensible Markup Language

9 Index